LA

MUSIQUE

EN L'ANNÉE 1862

Le livre que j'offre au public est la continuation de l'*Année musicale*, dont il existe trois volumes publiés par MM. L. Hachette et Cie. Des scrupules d'indépendance m'ont forcé de poursuivre la même idée sous un titre nouveau et avec le concours d'un éditeur qui estime autant que moi la liberté de conscience dans les œuvres de l'esprit. On trouvera donc dans ce petit volume, plus rapidement écrit et débarrassé de longueurs inutiles, les mêmes vues et la même critique que dans l'*Année musicale* et dans les autres ouvrages que j'ai publiés sur l'art le plus populaire du XIXe siècle.

OUVRAGES DU MÊME AUTEUR :

TROIS ANNÉES MUSICALES (1859, 1860, 1861).
CRITIQUE ET LITTÉRATURE MUSICALES (première série). 3e édit.
CRITIQUE ET LITTÉRATURE MUSICALES (deuxième série).
L'ART ANCIEN ET L'ART MODERNE. Un volume (1854).
LE CHEVALIER SARTI.

PARIS. — IMPRIMÉ CHEZ BONAVENTURE ET DUCESSOIS,
55, QUAI DES AUGUSTINS.

LA MUSIQUE

En l'année 1862

ou

REVUE ANNUELLE
DES THÉATRES LYRIQUES ET DES CONCERTS
DES PUBLICATIONS LITTÉRAIRES RELATIVES A LA MUSIQUE
ET DES ÉVÉNEMENTS REMARQUABLES
APPARTENANT A L'HISTOIRE DE L'ART MUSICAL

PAR P. SCUDO

PARIS

COLLECTION HETZEL

J. HETZEL, LIBRAIRE-ÉDITEUR

18, RUE JACOB

Tous droits réservés.

LA MUSIQUE

EN L'ANNÉE 1862.

I

THÉATRE DE L'OPÉRA.

La Reine de Saba, grand opéra en quatre actes, paroles de MM. Michel Carré et Jules Barbier, musique de M. Charles Gounod.

Le théâtre de l'Opéra, qui devrait être le point de mire de l'Europe et le grand foyer des nouveautés lyriques, n'a produit, pendant l'année dont nous écrivons l'histoire, qu'un ouvrage en quatre actes, *la Reine de Saba*, qui a disparu de la scène après un très-petit nombre de représentations. Ce grand théâtre a donc vécu de son vieux répertoire entremêlé de quelques petits ballets, et il ne s'en porte ni mieux ni moins mal. Cette vaste machine où tout le monde commande, excepté l'homme qui est chargé de lui imprimer le mouvement, aurait grand besoin d'une réforme, et d'une réforme presque radicale. Tout y est usé, le répertoire aussi bien que le personnel qui l'interprète, et le public qui le fréquente habituellement, et qui est le plus débonnaire du monde, semble aussi désirer autre chose que ces opéras en cinq actes d'une longueur mortelle, où la voix humaine succombe sous le poids d'une sonorité instrumentale excessive. Il est certain qu'il faudra changer le cadre des opéras modernes ou se passer de chanteurs qui ne peuvent durer longtemps avec le système de nos drames lyriques. La grandeur des salles, la puissance de l'orchestre, et la tendance des compositeurs modernes à confier à l'organe vocal l'expression des passions les plus violentes, toutes ces circonstances rendent impossible le plaisir exquis que procure la voix humaine et le bel art de chanter. On ne changera pas la nature des choses, et, après s'être épuisé l'imagination en conceptions gigantesques, il faudra bien revenir à la vérité et modifier le système actuel où la voix humaine n'est qu'un accessoire dans les grands effets dramatiques qu'on poursuit.

C'est une chose bien curieuse que le temps où nous vivons! Rien ne s'y fait simplement; le moindre incident excite la curiosité des passants, et le plus médiocre vaudeville qui se joue sur les théâtres des boulevards fait plus de bruit dans notre monde affairé que n'en a fait la naissance du *Misanthrope* ou celle d'*Athalie*. Pendant trois mois, les journaux, petits et grands, ont entretenu l'Europe de l'enfantement laborieux de la *Reine de Saba*, ouvrage en quatre actes, qui a été représenté à l'Opéra le 28 février. Je ne crois pas que le fameux temple de Salomon, où se passa une des grandes scènes du nouvel ouvrage, ait fait plus de bruit dans le monde oriental que le drame lyrique dont nous allons parler. On savait heure par heure où en étaient les répétitions de cette œuvre considérable, et de graves académiciens ne dédaignaient pas de descendre dans l'arène de la publicité pour expliquer au public tout ce qu'il y aurait à admirer dans l'ouvrage longtemps médité de l'auteur de la *Nonne sanglante*. Nous avons vu cette *Reine de Saba*, poëme de MM. Jules Barbier et Michel Carré, musique de M. Gounod, et nous pouvons en parler pertinemment, bien qu'elle n'ait fait que passer sur la scène de l'Opéra.

Qui ne connaît la reine de Saba, cette femme du pays de l'aurore, qui, éprise de la grande renommée du roi Salomon, quitte son royaume et se rend à Jérusalem pour éprouver la sagesse du fils de David, et pour admirer les merveilles du temple qu'il a élevé au Dieu d'Israël? Elle entre dans la ville avec un grand train, avec des chameaux qui portent des aromates, de l'or et des pierres précieuses. Après avoir éprouvé la sagacité de l'auteur prétendu des *Proverbes*, en lui demandant une explication de tout ce qu'elle avait dans le cœur, après avoir admiré la maison qu'il avait bâtie au Seigneur, la splendeur de sa cour et l'ordre qui régnait dans son État, elle dit au roi : « Ce que j'ai appris dans mon pays de ta sagesse est véritable. Qu'ils sont bienheureux les serviteurs qui se tiennent devant toi et qui écoutent ta sagesse! » Ayant ainsi parlé, la reine quitta Jérusalem et retourna dans son royaume.

Ce n'est pas cette donnée biblique qu'ont suivie les auteurs du *libretto* que nous analysons. Ils ont préféré une légende bâtie sur le récit du premier livre des *Rois*, et qu'avait rapportée d'un voyage en Orient ce pauvre et charmant esprit, Gérard de Nerval. Voici comment MM. Jules Barbier et Michel Carré ont conçu leur poëme. — La reine Balkis se rend à Jérusalem pour voir le grand roi Soliman et admirer les merveilles du temple qu'il fait bâtir. Elle dit au roi que, s'il devine certaines énigmes qu'elle soumettra à sa sagacité, elle s'engage à lui donner, avec sa main, un anneau magique avec lequel il pourra faire tout ce qu'il voudra. Soliman ayant répondu victorieusement aux questions de la reine Balkis, elle s'apprête à épouser le roi dont elle admire la grandeur et la sagesse ; mais avant de conclure cet hymen extraordinaire, la reine, qui a le goût des arts très-développé, désire visiter le temple et voir le grand artiste qui a conçu et exécuté des travaux si gigantesques. Cette curiosité bien légitime de la reine Balkis est fatale à l'amour de Soliman, car elle s'éprend tout à coup d'une passion vive et profonde pour Adoniram, le grand artiste dont le génie a créé tout ce qu'elle vient d'admirer. Voilà donc la reine Balkis dans une position assez difficile, ne voulant plus de Soliman, à qui elle a remis imprudemment l'anneau magique, et portée vers l'artiste, qui ressent pour elle un amour ardent et respectueux. Après avoir passé quelques jours dans une hésitation qui inquiète fort Soliman, puisqu'il s'écrie :

> Oui, depuis quatre jours, hommes d'armes, lévites,
> Tout veille, tout est prêt; — la flamme est sur l'autel,
> Et quand l'heure est venue, au moment solennel,
> O perfide Balkis, tu me fuis, tu m'évites !...

Le fait est que Balkis se conduit fort mal et que, pendant quatre jours, on ne sait ce qu'elle devient ; elle découche, elle se perd dans le temple à s'entretenir avec Adoniram. Et ce qui prouve que la conduite de la reine Balkis est plus que légère, c'est qu'elle simule une scène de volupté avec Soliman, pendant laquelle elle lui administre un narcotique. C'est pendant ce sommeil factice de Soliman que Balkis lui arrache du doigt l'anneau magique dont elle va se servir pour sauver son amant ; mais les choses s'embrouillent, Soliman se réveille furieux et jaloux comme un tigre, une conspiration de trois ouvriers s'ourdit contre Adoniram, qui meurt assassiné sur les bords affreux du Cédron. Balkis, qui avait assisté son amant jusqu'à son dernier soupir, s'écrie alors :

Emportons dans la nuit, vers un autre rivage,
Les restes vénérés d'un maître qui n'est plus !
Et que son nom divin soit redit d'âge en âge
Jusques au dernier jour des siècles révolus !

Ainsi finit la comédie, le drame burlesque que MM. Jules Barbier et Michel Carré ont tiré d'une légende admirable. La reine Balkis n'est qu'une *zingara*, le roi Soliman qu'un niais qui se laisse embéguiner par cette folle créature, qu'il ne connaît ni d'Ève ni d'Adam, et Adoniram est un de ces artistes impuissants et orgueilleux qui ont la bouche pleine de belles théories et qui ne peuvent rien créer. Il manque son chef-d'œuvre, — la mer d'airain, — et la pièce où il devait jouer un rôle si important est dépourvue de toute espèce d'intérêt, de style aussi bien que de sens commun.

On peut s'étonner qu'un artiste aussi distingué que M. Gounod, qui a déjà une certaine expérience du théâtre, ait pu se faire illusion sur le mérite du poëme que nous venons d'analyser. Comment l'administration de l'Opéra n'a-t-elle pas prévu que le *libretto* de la *Reine de Saba* était impossible, et que le compositeur, à moins d'être un homme de génie, aurait de la peine à sauver du naufrage une si triste conception dramatique ? Lorsque le bruit se répandit que M. Gounod composait un grand ouvrage sur le sujet de la *Reine de Saba*, nous pensions que l'auteur des chœurs d'*Ulysse* allait au-devant d'une grande tentative, et qu'il ne manquerait pas une si belle occasion de développer son instinct de poésie religieuse dans un vaste tableau de musique chorale. Conçoit-on qu'ayant à ouvrir le temple de Salomon sur la scène de l'Opéra, pouvant disposer de toutes les traditions bibliques sur la musique des Hébreux et leurs magnifiques cérémonies, M. Gounod et ses collaborateurs n'aient pas eu même l'idée d'essayer un si grand coup de maître? mais si on eût consulté seulement le premier décorateur venu, il aurait compris immédiatement tout le parti qu'on pouvait tirer du magnifique tableau que nous indiquons : « En ce temps-là, Salomon célébra une fête solennelle, et avec lui était tout le peuple d'Israël, qui formait une grande assemblée. » S'imagine-t-on, après ces paroles, le temple de Jérusalem rempli de prêtres, de chanteurs, de musiciens divisés en corps séparés ayant chacun en tête un coryphée conduisant la marche et dirigeant l'exécution! Quels effets d'ensemble et de contraste on aurait pu obtenir avec une si grande masse de voix et d'instruments groupés autour d'un centre lumineux où le roi-prophète se serait écrié sur une noble mélopée accompagnée par des harpes : « J'ai achevé, ô Éternel, de bâtir une maison pour ta demeure, un domicile fixe, afin que tu y habites éternellement! » Des hymnes, diverses de poésie, d'accent et de rhythme, auraient enveloppé cette invocation suprême du roi, et un *hosanna* puissant, entonné par les prêtres, par la foule et tous les instruments aurait terminé cette grande scène biblique, digne du génie de Hændel ou de Sébastien Bach. Voyons ce qu'a fait M. Gounod.

Il n'y a pas d'ouverture à la *Reine de Saba*. Une simple introduction, une sorte de choral symphonique, dont il n'y a absolument rien à dire, précède le lever du rideau, qui laisse voir l'atelier d'Adoniram, rempli de modèles et de figures gigantesques. Le récitatif pompeux et ampoulé par lequel Adoniram exprime ses pensées philosophiques sur la vanité de la vie et des travaux humains, ce qui est assez singulier pour un artiste, ce récitatif n'a aucun caractère. C'est une froide déclamation où il semble que M. Gounod ait voulu écarter toute note caractéristique qui aurait pu donner de l'aplomb au récit de cet homme, désabusé de la gloire. Le défaut que nous signalons ici dans le récitatif d'Adoniram est capital, et il règne dans toute la partition. Le musicien n'a pas su trouver non plus une mélodie heureuse pour le jeune élève d'Adoniram, Benoni, qui vient lui annoncer l'arrivée de la reine Balkis à Jérusalem. En décrivant la beauté de cette femme extraordinaire par des vers comme ceux-ci :

> Comme la naissante aurore
> Se lève, pâle encore,
> Dans l'azur des cieux...

le compositeur n'a pas rencontré un de ces chants légendaires et naïfs comme il y en a dans le *Joseph* de Méhul, voire dans l'*Enfant prodigue* de M. Auber, ce qui est assez piquant. M. Gounod lui-même a fait un chef-d'œuvre dans ce genre de mélodie agreste et primitive : nous voulons parler du chant du pâtre, au troisième acte de son opéra de *Sapho*. Quant à la scène des trois ouvriers, Phanor, Amrou et Methousael, qui, jaloux de la grande renommée d'Adoniram, viennent se plaindre à lui de l'injustice dont ils se croient les victimes, ce n'est vraiment ni du récitatif ni du chant cursif qu'on puisse suivre et saisir. La scène qui termine l'acte se passe sur une vaste terrasse qui domine toute la ville de Jérusalem, en présence du roi Soliman, de la reine Balkis et de tout un peuple de courtisans. Une marche assez médiocre sert d'introduction à Adoniram, suivi de ses nombreux ouvriers. La reine a manifesté le désir de le voir et de le questionner sur la grandeur de ses travaux. Elle lui dit :

Devant vos ouvriers que ne puis-je vous dire
Combien votre génie, en sa simplicité,
Maître, me paraît grand, et combien je l'admire !

— Si c'est là votre volonté, répond Adoniram, je vais la satisfaire. — Il monte alors les degrés du temple, trace en l'air un signe symbolique qui fait remuer dans la plaine tout un peuple d'ouvriers. Cette scène obcure, décousue et dépourvue d'intérêt, n'a rien inspiré au musicien qui vaille la peine d'être remarqué : c'est un interminable récit où l'on sent une forte imitation du style de Meyerbeer. L'entrevue d'Adoniram et de la reine n'a donné lieu qu'à un fatigant dialogue, sans que jamais les deux voix parviennent à s'unir dans un ensemble harmonieux. C'est une véritable *déploration* dans le vieux sens de ce mot, un verbiage incolore, d'une fâcheuse monotonie.

Au second acte, qui s'ouvre sur un bois de cèdres et de palmiers, on remarque un chœur fort agréable que chantent les suivantes de Balkis :

> Déjà l'aube matinale.

Celui qui vient après, chœur dialogué en deux parties, entre les suivantes de Balkis et des jeunes filles juives, est plus joli encore, bien qu'il soit d'un style un peu léger pour un grand ouvrage biblique. On pourrait même trouver que ce dernier chœur, que le public a fait répéter, a beaucoup d'analogie avec une agréable mélodie des *Vêpres siciliennes* de M. Verdi :

> La brise souffle au loin
> Plus légère et plus pure.

Et ce n'est pas le seul hommage que M. Gounod ait rendu à l'auteur de *Rigoletto ;* mais la musique du divertissement est médiocre, ainsi que l'air que chante Balkis pour exprimer l'amour et l'admiration qu'elle ressent pour le grand artiste dont elle vient de voir la puissance mystérieuse.

> L'oublier, lui que j'ai pu voir
> De son bras dominant l'espace !

Le duo qui suit, entre Adoniram et la reine Balkis, est une contre-épreuve de la grande scène dramatique du quatrième acte des *Huguenots*, entre Raoul et Valentine. Ces deux êtres qui s'aiment malgré tant d'obstacles qui les séparent ne trouvent rien à se dire d'intéressant et l'entrevue se passe en un interminable dialogue, chacun parlant tour à tour sur une phraséologie musicale insipide. L'acte se termine par un quatuor entre Adoniram, Balkis, Benoni et Sarahil, la suivante de la reine. Ce quatuor, d'un très-heureux effet, est charpenté à la manière de M. Verdi, c'est-à-dire que le ténor Adoniram tient le motif principal pendant que les autres voix l'accompagnent et le suivent en une progression éclatante. C'est le morceau le mieux construit de tout l'ouvrage. Le troisième acte, qui introduit le spectateur dans une grande salle du palais d'été de Soliman, n'est guère plus riche d'idées musicales que les deux premiers. Ce sont toujours d'interminables récitatifs entre les trois ouvriers conspirateurs, entre Soliman et Adoniram, dont le roi est jaloux et qu'il cherche à perdre par des questions captieuses, entre Balkis et Soliman, que la reine enivre dans une lutte voluptueuse. Ni l'air de Balkis :

Ce n'est pas votre amour, seigneur, qui m'épouvante,

ni le chœur qu'on chante derrière les coulisses pour former une opposition de mélodrame, ne méritent une mention honorable. Au quatrième acte, considérablement réduit, on ne trouve qu'une espèce de quatuor entre Adoniram et les trois ouvriers conspirateurs qui le tuent, et les cris douloureux de Balkis agenouillée aux pieds de son amant expirant. C'est peut-être ce qu'il y a de plus noble et de plus ému dans tout l'ouvrage que cette clameur douloureuse de Balkis et le chœur qui lui fait écho :

O terreur, ô forfait !

Telle est cette œuvre d'un homme de talent dont nous avons eu si souvent, dans la *Revue*, à louer les nobles efforts. Le poëme de *la Reine de Saba* est sans doute d'une déplorable indigence, et l'on n'y trouve ni caractères, ni situations ; mais l'insuffisance du poëme ne saurait excuser le musicien. Quelques jolis chœurs, un quatuor qui termine le second acte, entièrement imité de la manière de M. Verdi, des lambeaux de mélodies au milieu d'une insupportable déclamation qui vous pèse sur le cerveau, c'est là tout ce qu'on peut signaler dans un opéra qui était primitivement en cinq actes, et dont on a retranché au moins un tiers. Le musicien mériterait peut-être un blâme plus sévère, s'il fallait admettre que l'opéra de *la Reine de Saba* fût le résultat d'un système, l'œuvre d'un imitateur de M. Richard Wagner, de Robert Schumann et des infirmités du génie de Beethoven. Nous savons que l'esprit ingénieux, mais faible, de M. Gounod a le malheur d'admirer certaines parties altérées des derniers quatuors de Beethoven. C'est la source troublée d'où sont sortis les mauvais musiciens de l'Allemagne moderne, les Listz, les Wagner, les Schumann, sans omettre Mendelssohn pour certaines parties équivoques de son style. Si M. Gounod a réellement épousé la doctrine de la *mélodie continue*, de la *mélodie de la forêt vierge* et du *soleil couchant* qui fait le charme du *Tannhauser* et du *Lohengrin*, mélodie qu'on peut comparer à la lettre d'Arlequin où il disait : « Pour les points et les virgules, je ne m'en occupe pas ; je vous laisse la liberté de les placer où vous voudrez. » M. Gounod, dans cette supposition que j'aime à croire impossible, serait irrévocablement perdu. Jamais il ne réussirait dans ses folles visées, jamais il ne ferait accepter du public français de telles aberrations. Si *la Reine de Saba* au contraire n'est qu'une erreur, la faute, la défaillance passagère d'un musicien éminemment distingué, M. Gounod trouvera dans la leçon qu'il vient de recevoir un avertissement salutaire pour l'avenir, et il pourra chanter un jour avec le grand poëte de l'idéal chrétien :

> Nel mezzo del cammin di nostra vita,
> Mi ritrovai per una selva oscura,
> Che la diritta via era smarrita,
> Ahi ! quanto a dir qual era è cosa dura !

L'exécution de *la Reine de Saba* n'est guère satisfaisante. Madame Gueymard, qui se porte à ravir, manque de distinction dans le rôle de Balkis, et sa belle voix, qui aspire à descendre un peu, a bien de la peine à soulever la lourde mélopée qu'on lui donne à débiter. M. Gueymard, dans le personnage de l'artiste démocrate Adoniram, déploie toute la vigueur de ses muscles, qui sont, ma foi, bien pris. M. Belval se tire d'affaire dans le rôle de Soliman, et il n'y a que les chœurs, et surtout mademoiselle Livry, dont les pieds sont si malins et si audacieux, qui méritent une mention honorable.

L'instrumentation du nouvel ouvrage de M. Gounod a les qualités et les défauts de ses opéras antérieurs : elle manque d'éclat et de force. M. Gounod n'est pas coloriste. Il néglige en général les instruments à cordes, les violons particulièrement, et il emploie volontiers les altos, les violoncelles, les instruments à vent, tels que la clarinette, le hautbois, le basson, qu'il tient dans la partie inférieure de l'échelle. Il résulte de l'emploi fréquent de ces teintes grises une certaine monotonie, une sonorité lourde, étouffée, remplie de détails qui ne portent pas et où ne pénètre presque jamais la vive lumière d'un rayon mélodique. On dirait l'instrumentation d'un oratorio, le coloris maigre d'un peintre par trop spiritualiste, comme l'était Ary Scheffer, qui semblait craindre que l'âme de ses personnages n'étouffât dans un corps sain et bien portant. Cette manière de procéder de M. Gounod a quelque rapport aussi avec l'instrumentation de Mendelssohn, lorsque l'auteur du *Songe d'une nuit d'été* ne tient pas dans la main un de ces rhythmes piquants sur lesquels il s'élance et chevauche dans l'espace de l'imagination. J'entends parler de ces *scherzi* délicieux qui sont la partie originale de l'œuvre de Mendelssohn. M. Gounod n'a rien de ce *brio*, de cette fantaisie caressante, de ce profond sentiment religieux, qui placent Mendelssohn immédiatement au-dessous des grands maîtres de l'art.

Pourquoi ne le dirions-nous pas en terminant? Après la chute éclatante et méritée du *Tannhauser* de M. Richard Wagner, le froid accueil qu'on vient de faire au dernier ouvrage de M. Gounod confirme les principes que nous défendons depuis tant d'années. C'est bien à M. Gounod et à son groupe que nous pensions en signalant ces admirateurs discrets de M. Richard Wagner qui n'attendaient que le triomphe de *Tannhauser* pour s'incliner devant la *grande mélodie de la forêt, dont leurs propres œuvres portent plus d'une trace*[1]. Je pressentais *la Reine de Saba*, cette lamentable déclamation lyrique qui n'aboutit pas, et où l'idée musicale, c'est-à-dire l'idée sous la forme mélodique, brille par son absence. J'ai toujours rendu justice au talent de M. Gounod, à sa noble ambition de viser au grand, et de tenter des voies nouvelles, et tous ses ouvrages, depuis les chœurs d'*Ulysse*, *la Nonne sanglante*, jusqu'à *Philémon et Baucis*, ont été appréciés par moi avec une vive sympathie. J'ai toujours cependant gardé quelque inquiétude sur

1. V. *troisième année musicale*.

l'avenir de ce musicien ingénieux et délicat, de cet esprit mobile, qui a plus d'instruction que de sentiment, plus de velléités que de passion. Trouvera-t-on jamais en lui un coryphée de l'art, un conducteur d'âmes, un initiateur enfin ? C'est ce que je n'ose guère espérer.

On vit un jour un grand poëte lyrique, de race royale, s'éprendre d'un fol amour pour une pauvre république naissante. Il passait des journées et des nuits entières sous ses fenêtres à lui exprimer sa passion, à la divertir par des sérénades divines. La jeune innocente se laissa toucher, et un beau soir elle lui dit en ouvrant la porte de son cœur :—Entre, ô mon beau Lindor, je suis à toi.—L'illustre poëte, pris au piége de sa propre fantaisie, tourna le dos à la belle qu'il avait charmée, et alla porter ailleurs ses *harmonies* et ses *méditations* ineffables. Toute proportion gardée, M. Gounod procède un peu comme le grand poëte dont nous venons de parler. Il courtise aussi sa muse avec ardeur, et lorsque celle-ci lui présente une belle situation dramatique à féconder, le musicien s'attarde à jouer du chalumeau au clair de la lune.

Depuis que *la Reine de Saba* a disparu de la scène de l'Opéra, cet ouvrage est allé chercher fortune dans les pays étrangers. On l'a représenté à Bruxelles et puis à Darmstadt; mais malgré le bon accueil officiel qu'on a fait d'abord à cet opéra saintement ennuyeux, on l'a bientôt jugé comme il l'avait été à

Paris. La partition de *la Reine de Saba* a été gravée par l'éditeur, M. Choudens.

Si on ajoute à l'ouvrage en quatre actes de M. Gounod, qui a été la seule nouveauté produite à l'Opéra dans le courant de l'année, les interminables représentations de *Robert le Diable*, des *Huguenots* et du *Prophète*, de *la Favorite*, de *Guillaume Tell* et du *Trouvère*, entremêlées de quelques représentations lamentables de *Lucie*, du *Comte Ory*, d'*Herculanum*, de *Pierre de Médicis* et de la reprise solennelle de *la Juive* à l'occasion de la mort d'Halévy; on a sous les yeux l'énumération exacte des plaisirs qu'a offert le premier théâtre lyrique de l'Europe. Mais il faut entendre l'exécution des chefs-d'œuvre que nous venons de citer pour avoir une idée de l'état où se trouve ce splendide théâtre qui n'a jamais été ni plus fréquenté, ni plus richement doté.

II

THÉATRE DE L'OPÉRA-COMIQUE.

Reprise de *Giralda*, opéra d'Adolphe Adam. — Première représentation de *Lalla-Roukh*, opéra en deux actes, de M. Félicien David. — Reprise de *Rose et Colas*, de Monsigny ; — de *la Servante maîtresse*, de Pergolèse ; — de *Zémire et Azor*, de Grétry ; — de *la Dame blanche*, de Boïeldieu. — Débuts de Mlle Cico, de Mme Galli-Marié, de M. Léon Achard.

Le théâtre de l'Opéra-Comique a été très-actif et très-heureux pendant toute l'année dernière. Il a eu d'abord le bonheur de mettre la main sur un bon ouvrage nouveau, *Lalla-Roukh*, qui a obtenu un beau succès, et puis il a soutenu ce succès par des reprises d'anciens petits chefs-d'œuvre qui lui ont valu de bonnes recettes. Le public a été content des plaisirs variés que lui offrait l'Opéra-Comique, et l'administration de ce théâtre aimé a été récompensée de son activité intelligente. C'est à M. Émile Perrin qu'on doit ce bon résultat. Après avoir gouverné très-habilement l'Opéra-Comique pendant dix ans, je crois, M. Perrin s'était retiré avec une fortune honorable, dit-on, et il avait eu pour successeur M. de Beaumont, qui n'avait aucune expérience des affaires de théâtre.

La mauvaise administration de M. de Beaumont engagea le ministre d'État à rappeler M. Perrin à la tête d'un théâtre où il avait laissé de si bons souvenirs. C'est au commencement de l'année que M. Perrin a inauguré sa nouvelle administration par la reprise de *Giralda*, imbroglio très-amusant de Scribe et Adolphe Adam. Cela remonte à l'an de grâce 1850, où l'auteur du *Chalet* et du *Postillon de Lonjumeau* improvisa cette jolie partition en trois actes, remplie de rhythmes guillerets, de bonne humeur, de lieux communs et de quelques jolis morceaux, tels que le duo syllabique du premier acte, celui des deux amants, la finale du second acte, et le quintette bouffe du troisième. Adam fut un musicien facile et naturel, qui, sans élever très-haut ses prétentions et son style, a su créer, à la suite de M. Auber et de Rossini, qu'ils ont tous imité, une œuvre qui a sa physionomie dans l'école française, fille et sœur de l'école italienne. Car, qu'on ne s'y trompe pas, depuis Duni jusqu'à Grétry, et depuis Grétry, Dalayrac, jusqu'à M. Auber, Méhul excepté, qui procéda de Gluck, tous les compositeurs français du genre éminemment national de l'Opéra-Comique marchent à la suite des maîtres italiens, qu'ils imitent sans servilité, comme des hommes qui sont sortis de la même race, et surtout de la même civilisation. Écoutez les premiers opéras de Boïeldieu : vous y reconnaîtrez une influence sensible de la grâce de Cimarosa et des maîtres italiens de la même époque, tandis que dans *la Dame blanche* on sent le souffle rossinien traverser ce délicieux chef-d'œuvre. — M. Auber, l'auteur de *la Muette*, du *Domino noir*, de *Fra Diavolo*, d'*Haydée*, avec quelle dextérité ingénieuse il sait allier l'esprit français au *brio* de Rossini, dont il admire le génie avec une sincérité digne de son talent! Halévy est, après Méhul, le compositeur français d'opéra-comique qui vient d'un autre côté de l'horizon, et dont le style composite ne réflète pas l'entrain et la poésie de la race latine; mais Hérold, le seul compositeur de génie qu'ait produit la France, allie sur sa palette de coloriste, dans ses deux chefs-d'œuvre surtout, *Zampa* et *le Pré aux Clercs*, la sentimentalité idéale de Weber à la fluidité lumineuse de l'auteur du *Barbier de Séville* et du *Comte Ory*. Quelles œuvres diverses et charmantes sont sorties de la combinaison de ces deux éléments, l'esprit français et le génie italien, et que la nature est féconde en ses métamorphoses!

Pour en revenir à la reprise de *Giralda*, que le public a revue avec plaisir, combien l'exécution est loin de ce qu'elle était en 1850, alors que Mlle Miolan essayait son beau talent dans le rôle principal. C'est Mlle Marimon qui l'a remplacée, et Mlle Marimon, qui a une petite voix parisienne étriquée et dépourvue de charme, n'a pas les qualités de grâce et de facilité élégante qu'il faudrait pour rendre les effets de cette musique brillante, où se montre un rayon du sentiment vrai. — MM. Warot, le ténor, et Crosti, le baryton, sont des artistes de talent qui suffisent à peine aux rôles qu'ils remplissent avec effort.

C'est le 12 mai qu'a eu lieu la première représentation de *Lalla-Roukh*, opéra en deux actes de M. Félicien David, précédé d'un vieux petit chef-d'œuvre de Monsigny, *Rose et Colas*, qui date de l'année 1764. Pour les connaisseurs comme pour tout le monde, c'était une idée ingénieuse de faire entendre dans la même soirée, à côté d'une œuvre toute moderne, un vieux radotage de nos pères, comme disent les grands esprits qui traitent le passé du haut de leur superbe ignorance. Nous l'avons dit, *Rose et Colas* fut représenté pour la première fois le 12 mai 1764, au théâtre de la Comédie-Italienne. Monsigny avait alors trente-cinq ans, étant né en 1729, à Fauquenberg, dans l'Artois. Ce n'était pas son premier ouvrage, car il avait déjà produit *les Aveux indiscrets*, *le Maître en droit ou le Cadi*, *On ne s'avise jamais de tout*, *le Roi et le Fermier*, qui est de 1762; quatre petits opéras en un acte, dont le dernier eut un succès de surprise et d'enchantement. *Rose et Colas*, *le Déserteur* en 1769, et *Félix ou l'Enfant trouvé*, qui fut son dernier opéra, en 1779, ont fait à Monsigny une réputation qui durera tant que les hommes seront sensibles à la vérité.

Il est élémentaire de dire que, pour bien juger un fait, un homme, un événement, il faut le laisser dans le milieu où il s'est produit, entouré des circonstances qui ont préparé, accompagné ou contrarié son éclosion. On ne peut isoler un poëte, un peintre, un musicien, du temps et du pays où ils ont vécu et accompli leur œuvre, sans méconnaître un des éléments de la vérité. Le génie, quelle que soit sa force innée, ne crée pas à lui tout seul la langue dont il a besoin pour se révéler. Il reçoit de la société et de la tradition un héritage d'expérience sans le secours duquel il n'aurait point enfanté l'œuvre que nous admirons. C'est une manière de parler quand on dit brièvement que Cimabue, que Giotto, Dante ou Palestrina, ont créé la peinture, la poésie italienne et la musique religieuse. Ces génies divers ont trouvé des éléments imparfaits sans doute, une langue à peine ébauchée, un art encore dans l'enfance, mais dont ils se sont utilement servis pour arriver au but qu'ils ont atteint. Il est inique, dans les choses de la morale et absurde dans l'histoire des travaux de l'esprit, de ne pas tenir grand compte des faits et des circonstances qui enveloppent et précipitent une action, qui aident ou contrarient les efforts du génie. La puissance du génie peut se manifester dans la création de l'idée ou dans la perfection qu'il ajoute à la forme, au métier, à la langue de son temps.

Lorsque Monsigny vint à Paris, vers 1748, et qu'il s'essaya dans le genre modeste de la comédie à ariettes, il savait à peine la musique. Il apprit hâtivement un peu d'harmonie sous la direction d'un musicien de l'orchestre de l'Opéra, nommé Gianotti. Il n'est pas inutile de faire remarquer ici que la famille de Monsigny était originaire de la Corse, que c'est un Italien qui lui a enseigné les premiers éléments de la composition, et que l'auteur de *Rose et Colas* dut à la *Serva padrona* de Pergolèse le réveil de son aimable esprit. Déjà, avant Monsigny, Dauvergne avait composé la musique d'un petit opéra-comique, *les Troqueurs*, qui peut être considéré comme le premier ouvrage de ce genre qu'on ait donné en France à l'imitation de l'opéra-bouffe italien. Ajoutons qu'un compatriote et un condisciple de Pergolèse, Duni, vint aussi en France cultiver avec succès ce genre éminemment national de l'opéra-comique, qui est né pourtant d'un mariage d'inclination entre la mélodie italienne et le vaudeville gaulois. C'est ce qu'a méconnu Adolphe Adam dans une notice qu'il a donnée de Monsigny, et ce n'est pas l'auteur du *Chalet* et de *Giralda* qui pourrait prouver que la musique française, dans le cadre ingénieux de l'opéra-comique, ne procède pas de l'école italienne, depuis Duni jusqu'à Grétry, et depuis Grétry jusqu'à M. Auber. Ce qui n'est pas moins incontestable, c'est que Monsigny n'a pas été un imitateur des maîtres italiens de son époque, mais un disciple intelligent, qui a su mettre dans son œuvre charmante le cachet d'une originalité aimable et indélébile. Si Monsigny n'était pas un musicien expérimenté comme l'étaient Rameau et Philidor, il possédait une sensibilité si vive et un instinct mélodique si naturel, qu'il a pu se passer d'une science qui n'a pas sauvé les ouvrages de ses deux illustres contemporains. Voilà ce que n'a pas compris ce froid et bel esprit de Grimm, qui connaissait la musique sans doute, mais qui la savait comme un pédant allemand qui méconnaît, dans les œuvres de l'art, la puissance de la grâce, du naturel et du sentiment. La critique de Grimm est superficielle, et il n'a eu qu'un bonheur dans sa vie de plagiaire et de valet de prince, c'est d'avoir deviné *il bambino santo* qui est devenu Mozart. Tous les morceaux de cette délicieuse pastorale de *Rose et Colas*, dont il est inutile d'expliquer le sujet, sont frappés au coin de la vérité : l'ariette que chante Rose, — *Pauvre Colas!* — celle de la mère Bobi, un beau type de vieille babillarde, — *La sagesse est un trésor;* — l'ariette de Mathurin pour voix de basse, — *Sans chien et sans houlette*, — si franche d'allure et si variée d'accent, témoin la petite phrase en mineur qui accompagne ces paroles, — *Mais l'âge et le temps qui tout mène*, — et le duo très-plaisant que chantent les vieux barbons, Pierre Leroux et Mathurin, ce duo si naïvement imitatif de l'idée symbolique qu'expriment les deux vieillards ! Quant au rondeau qui exprime le sentiment de Colas en pénétrant dans la demeure modeste de la jeune fille qu'il aime :

C'est ici que Rose respire,

c'est un chef-d'œuvre de mélodie touchante digne de réveiller dans le cœur l'émotion qu'on éprouve devant un tableau de Greuze. L'âme sèche de Grimm, de cet ennemi odieux de Rousseau, n'était pas digne de ressentir le charme attendrissant d'un morceau aussi exquis, que M. Montaubry devrait chanter d'une manière plus simple et sans mignardise. M. Auber a-t-il fait un duo plus piquant que celui que chantent ensemble Rose et Colas : — *M'aimes-tu ?* — *Ah! comme je t'aime!* — Et ce dialogue à la Théocrite se continue ainsi en réunissant les deux voix dans une douce étreinte. Citons encore le vaudeville charmant qui depuis un siècle circule dans la nation à l'état de légende :

> Il était un oiseau gris
> Comme une souris.

Le quintette qui suit et le vaudeville qui explique la moralité de la pièce :

> Il faut seconder la nature,
> Puisqu'elle nous fait la loi,

terminent heureusement cet aimable ouvrage de ces deux hommes si heureusement doués, Monsigny et Sedaine, qui étaient faits pour s'entendre et pour créer ensemble une œuvre qui a survécu à une révolution sociale et à deux grandes transformations de la musique dramatique. L'exécution de *Rose et Colas* n'a pas été tout ce qu'elle devait être et ce qu'elle a été dans des temps meilleurs et moins chargés de science. Les artistes d'aujourd'hui se croient de trop grands personnages pour chanter une musique aussi simple, où il n'y a que quelques appoggiatures pour tout ornement vocal. Il a même fallu l'autorité morale de M. le directeur de l'Opéra-Comique pour persuader à ses pensionnaires que *Rose et Colas* n'était pas une mauvaise plaisanterie, et qu'on pouvait chanter ces charmantes ariettes sans se déshonorer. M. Montaubry, dans le rôle de Colas, est toujours un peu précieux, et il ne dit pas la romance, — *C'est ici que Rose respire,* — avec le naturel et le sentiment qu'elle exige. Mlle Lemercier seule est à sa place sous la cornette de la mère Bobi, ainsi que M. Sainte-Foy, qui représente Pierre Leroux. Quant à Mlle Garait qu'on a fait débuter ce soir-là par le rôle de Rose, c'est une mauvaise écolière qu'on n'aurait pas dû produire en si bonne compagnie.

Monsigny, Sedaine et leur contemporain le peintre Greuze sont trois aimables esprits qui, avec des moyens très-simples, ont su exprimer un des modes les plus touchants de la nature humaine et de l'art français. Nous sommes aujourd'hui bien autrement savants que ne l'étaient Monsigny et Sedaine, qui savaient à peine la langue dont ils se servaient l'un et l'autre; mais il est permis de se demander si les œuvres délicieuses qui sont dues à la collaboration de Scribe et de M. Auber auront la longévité séculaire de *Rose et Colas* et du *Déserteur.*

Le sujet du nouvel opéra en deux actes de M. Félicien David, *Lalla-Roukh,* est tiré d'un poëme connu de Thomas Moore, ce petit homme, ce petit esprit qui sera plus célèbre dans la postérité par le crime qu'il a commis en brûlant les mémoires de lord Byron, son ami, que par les vers musqués dont il a enivré les ladies de son temps. Un roi de Boukharie a demandé la main d'une princesse de Delhi. Cette princesse, qui se nomme Lalla-Roukh, se met en voyage, escortée par ses femmes et par des gardes que commande Baskir, un lettré de la cour du roi de Boukharie, qu'il *n'a jamais vu*, et qui est chargé cependant de la mission délicate de conduire la princesse à son maître. Pendant que la princesse traverse la plaine enchantée de Cachemire, suivie d'un cortége et d'un luxe oriental, elle rencontre un pauvre chanteur nomade qu'elle avait déjà entrevu, non sans une émotion secrète. Elle le revoit avec plaisir, elle se complaît si fort à lui entendre chanter aux étoiles du ciel ses peines secrètes, qu'elle finit par en être vivement touchée. Cela ne fait pas l'affaire de Baskir, qui doit remettre la princesse à son maître pure de tout autre désir que celui de lui appartenir; mais Lalla-Roukh, qui a du caractère, se moque de la surveillance jalouse de Baskir, et, avec le secours de son amie et de sa suivante Mirza, elle voit souvent le chanteur Noureddin, qui la charme à tel point qu'elle veut le suivre et rompre son mariage avec le roi de Boukharie. Ces choses se passent dans la vallée embaumée de Cachemire, au milieu d'une verdure luxuriante où dansent les bayadères au clair de la lune et aux sons du tambourin. Après quelques incidents inventés tout exprès pour retarder la conclusion qu'on devine, on apprend que le pauvre chanteur Noureddin, qui a failli être empalé par l'ordre de Baskir, n'est autre que le roi de Boukharie lui-même. Il a voulu, l'imprudent, conquérir le cœur de sa fiancée et se faire aimer de la princesse Lalla-Roukh avant de posséder sa main. Cela lui a réussi, parce qu'il était poëte et chanteur ; mais c'était une tentative bien téméraire. Tel est le conte des *Mille et Une Nuits* que MM. Michel Carré et Hippolyte Lucas ont ourdi d'un style correct, sans y mettre ni trop de malice ni trop de gaieté. C'est un canevas mollement dessiné pour la plus grande gloire du musicien délicat qui s'est révélé à la France, il y a une quinzaine d'années, par une composition délicieuse, *le Désert*. Depuis ce début éclatant, qui valut à M. Félicien David une réputation européenne, à notre avis un peu exagérée, ce charmant musicien a produit successivement, et à de longs intervalles, *Christophe Colomb*, une symphonie dramatique un peu dans le genre du *Désert*, une espèce d'oratorio, *Moïse au mont Sinaï*, qui n'a pas été accueilli avec la même faveur par le public. Au théâtre, M. Félicien David a donné *la Perle du Brésil*, opéra en trois actes, qui a été représenté dans le mois de novembre 1851, et un grand ouvrage en quatre actes, *Herculanum*, qui a été donné à l'Opéra le 4 mai 1859. Dans toutes ces œuvres, et dans quelques morceaux de musique instrumentale qu'il a fait entendre soit aux concerts du Conservatoire, soit ailleurs, M. Félicien David a fait preuve d'un talent délicat, d'une imagination douce et rêveuse qui se complaît à errer dans les régions sereines, loin des bruits tumultueux et des passions violentes. Bien que l'auteur ingénieux du *Désert* ait placé dans *la Perle du Brésil*, mais surtout dans *Herculanum*, un ou deux morceaux qui ne manquent pas de vigueur, tels que le chœur des chrétiens au second acte, et certaines phrases du duo entre Nicanor et Lilia, il est cependant vrai de dire que la force, la passion impétueuse, la gaieté, l'ironie et les divers stimulants du cœur humain n'ont jamais été exprimés dans la musique de M. Félicien David, qui est un poëte élégiaque et non pas un compositeur dramatique. Telle est l'opinion que nous avons toujours émise sur l'auteur du *Désert*, qui le premier en France a traité avec bonheur et un succès incontestable le genre de la musique pittoresque, qui a tant préoccupé M. Berlioz. Est-il vrai, comme on le proclame de tous côtés, que la musique de *Lalla-Roukh* soit une révélation nouvelle du talent délicieux de M. Félicien David? C'est ce que nous allons examiner.

Et d'abord, l'ouverture n'a aucun caractère saillant; elle ne vaut même pas l'ouverture de *la Perle du Brésil*, qui n'est pourtant pas bonne. Divisée en deux parties, elle commence par quelques bouffées de cor qui précèdent un *andantino* que chantent les instruments à cordes, tempérés par des *sordini*, qui jouent un très-grand rôle dans cette partition. Elle se termine par un mouvement rapide, qui n'ajoute pas beaucoup de prix à cette préface symphonique d'un rêve d'or. Le rideau se lève sur un paysage enchanté où les hommes que commande Baskir, le guide et le gardien de la princesse, chantent en chœur. — *C'est ici le séjour des roses,* qui est fort gracieux. Le thème de ce chœur, pour voix d'hommes, est repris ensuite par les femmes qui suivent la princesse Lalla-Roukh. Cette seconde répétition du même motif est plus complète, et l'accompagnement surtout en est délicieux. La mélodie que chante la princesse en sortant de sa tente :

> Sous le feuillage sombre,
> Dans le silence et l'ombre,

est une phrase langoureuse et distinguée, une sorte de mélopée d'un contour un peu vague, et qui flotte à la surface de l'âme. Mlle Cico a chanté cette mélodie suave avec beaucoup de goût et de sentiment. La princesse, après avoir exprimé ainsi la vague rêverie de son cœur de vierge, s'assied sur l'un des côtés de la scène, et, pour la distraire, on lui donne un divertissement. Des almées se mettent à simuler une action symbolique qu'accompagne un rhythme piquant, après avoir été annoncé par des soupirs délicieux de hautbois. Ce rhythme, soutenu par des pulsations d'une pédale inférieure que frappe un tambour de basque, est enveloppé d'une harmonie susurrante, d'un *bisbiglio amoroso* de l'air ambiant au-dessus duquel la flûte s'égaye comme un oiseau qui s'ébat autour du nid qui l'a vu naître. C'est d'un effet délicieux, c'est le vague indéfini des airs arabes reproduit par les artifices de l'art. Après la pantomime que nous venons de décrire, un motif tout aussi piquant donne le branle à la danse, qu'accompagnent les voix du chœur et une instrumentation d'un coloris charmant. C'est dans la création de ce genre d'effets que M. Félicien David est original et incontestable. Noureddin, le chanteur nomade qui se trouve confondu dans la foule qui entoure la princesse, s'avance alors, au grand déplaisir de Baskir, qui ne sait comment se débarrasser de ce troubadour incommode. Il chante à la princesse, en s'accompagnant de la mandoline, une romance, — *Ma maîtresse a quitté sa tente,* — dont le sens mystérieux est deviné par la belle Lalla-Roukh, qui de ravissement laisse tomber une rose qu'elle tenait à la main. Cette romance est assurément jolie, mais elle tourne dans un cercle mélodique déjà connu. Le chanteur en refusant avec dédain une bourse remplie d'or pour prix de son talent, en demandant qu'on lui permette seulement de ramasser la rose qui est tombée aux pieds de la princesse, éveille des sentiments divers qui sont traduits dans un joli quatuor soutenu par toute la masse chorale. C'est un morceau fort bien traité, et qui rappelle un peu la manière de Donizetti. Les deux personnages secondaires, Baskir et Mirza, la suivante et l'amie de la princesse, sont chargés par les auteurs du *libretto* d'égayer un peu cette idylle orientale par quelques vivacités de langage. Mirza surtout, qui est toute dévouée à sa maîtresse et qui a reçu du chanteur Noureddin un collier de grosses perles qui aurait dû l'étonner beaucoup, s'amuse à agacer le vieux Baskir, dont elle cherche à endormir la vigilance. Elle lui chante d'assez jolis couplets, où l'on remarque la terminaison en notes pointées qui excite les transports du parterre. Ce que c'est que de nous pourtant ! J'aime mieux le duo qui vient après entre la princesse Lalla-Roukh et le chanteur Noureddin, dont la conduite noble l'a frappée, et dont elle a deviné le sentiment discret sans le désapprouver. Ce duo, — *La nuit, en déployant ses ailes*, — est moins un duo proprement dit qu'une scène dialoguée, où chacun des deux personnages dit tour à tour une phrase mélodique trempée de morbidesse et de langueur. Celle que chante la princesse surtout est exquise dans la bouche de Mlle Cico, avec ses soupirs de clarinettes qui la suivent comme deux oiseaux qui se becquètent. C'est une scène d'extase par une nuit d'Orient, où toute la nature semble partager le ravissement des deux cœurs qui s'épanchent et s'entr'ouvrent à la clarté des étoiles ; mais l'*allegro* où les deux voix se réunissent est de la plus grande vulgarité. Mirza, qui cherche à détourner l'attention de Baskir, laisse éclater dans le lointain de jolies vocalises qu'accompagne la marche des soldats ivres, et à ce rhythme onduleux viennent s'ajouter les voix de Baskir, de Noureddin et de Lalla-Roukh. C'est par cet ensemble, assez bien amené, que se termine le premier acte, qui serait un petit chef-d'œuvre, si l'acte suivant ne reproduisait les mêmes effets et les mêmes idées.

Après un prélude symphonique, qui n'a rien de remarquable, la princesse Lalla-Roukh chante un air,—*Enfin je touche au bout de notre long voyage,*—où elle exprime les regrets de son cœur. Cet air, qui est précédé de quelques mesures de récitatif, contient une phrase délicieuse,—*O nuit d'amour, nuit d'ivresse,* —que nous avons déjà entendue et que nous entendrons encore, parce qu'elle fait partie de ce petit fonds d'idées qui caractérise le talent de M. Félicien David. Le second mouvement de cet air est moins heureux, car il ne faut demander à l'auteur du *Désert* ni colère, ni transport, ni gaieté. Il soupire, il ne rit et ne se fâche jamais. Un petit nocturne entre Mirza et sa maîtresse précède un joli chœur que chantent les femmes qui viennent avec les présents du roi qu'on apporte à la princesse. Ce nocturne, ce chœur des suivantes, ainsi que la barcarolle que chante Noureddin en s'accompagnant de la guitare, sont des choses connues; nous les avons entendues au premier acte, et la persistance des mêmes formes et des mêmes idées produit l'effet inévitable de la monotonie. Un duo bouffe entre Baskir et Noureddin, qui ne manque pas d'entrain et qui est une nouveauté dans l'œuvre tout élégiaque de ce charmant compositeur, est à peine remarqué par le public, qui a déjà le cœur affadi par tant de parfums et d'harmonies voilées.

On trouve un peu plus de vivacité et de passion dans le duo d'amour entre la princesse et Noureddin, et le tout se termine par une marche triomphale qui célèbre le mariage de Lalla-Roukh et du roi de Boukharie, qui, aux sons de la mandoline, a conquis bravement le cœur de sa femme. Je pense avoir énuméré avec beaucoup de sollicitude tous les morceaux saillants et toutes les délicatesses de détails que renferme la nouvelle partition de M. Félicien David : les chœurs de l'introduction, la mélodie de Lalla-Roukh, la musique fine et originale du divertissement, le quatuor, la romance d'un accent arabe que chante Noureddin, quelques phrases du duo qui vient après, et la scène finale très-heureusement combinée, quoique l'effet produit ne soit pas nouveau. Au second acte, j'ai signalé l'air de Lalla-Roukh, un joli nocturne pour deux voix de femme, le chœur des suivantes et quelques phrases délicieuses du duo entre Noureddin et la princesse. Telle est cette œuvre charmante de *Lalla-Roukh*, un vrai conte des *Mille et une Nuits*, où aucun des personnages qui y figurent n'a une physionomie qui lui soit propre, et où l'auteur du *Désert* a reproduit jusqu'à satiété les idées, les formes et le coloris discret qu'il a mis dans presque tous ses ouvrages. S'il me convenait de répondre à des interlocuteurs ridicules et sans consistance, je leur dirais que c'est ainsi que j'ai toujours apprécié le talent vrai, délicat et original, dans sa sphère, de M. Félicien David.

L'exécution de *Lalla-Roukh* a été assez bonne. Mademoiselle Cico est tout à fait distinguée sous le costume oriental de la princesse. C'est une jolie femme d'abord, bien prise dans sa taille, et dont la voix de soprano est naturelle et sympathique. Elle chante avec mesure, avec goût, avec sentiment. Sa contenance sur la scène est noble et décente, et elle communique à l'auditeur l'émotion sincère dont elle est pénétrée. C'était une trouvaille pour l'Opéra-Comique que mademoiselle Cico. Mademoiselle Bélia, dont je n'aime pas beaucoup la voix criarde ni le mauvais ton, tire un très-bon parti du personnage allègre de Mirza, ainsi que M. Gourdin de celui de Baskir. Quant à M. Montaubry, il est dans le rôle important de Noureddin ce qu'il est partout : un chanteur de talent, un comédien svelte et zélé, à qui l'on souhaiterait un peu plus de naturel.

C'est le caractère saillant de l'art et de la poésie modernes que d'aspirer à peindre l'homme tout entier avec la diversité de ses instincts et de ses passions. On est sorti du cercle un peu étroit du monde antique, on a secoué le joug des lois abstraites qu'il avait léguées aux générations futures, et au lieu d'imiter servilement l'idéal d'une civilisation passée, on s'est mis à étudier directement la nature en s'efforçant d'en saisir les différents aspects, d'en imiter les harmonies et d'en comprendre les mystères. Voilà quelle est la signification du grand mouvement de la renaissance, mouvement émancipateur de l'esprit humain, qui est comprimé en France pendant le règne oppresseur de Louis XIV, mais qui reprend son cours au siècle suivant, et qui achève sa victoire par la révolution de 1789, d'où est sortie une société nouvelle. Les premiers écrivains qui, en France, ont répondu aux besoins de l'imagination et de la sensibilité modernes, sont Rousseau d'abord, puis Bernardin de Saint-Pierre, Chateaubriand et madame de Staël. Je ne fais que remuer un lieu commun en disant que Rousseau a donné à la prose française un accent et une sonorité qu'elle ne connaissait pas, et qu'il est le premier grand écrivain de la nation qui ait aimé et su peindre la nature. *Paul et Virginie* et *la Chaumière indienne* entr'ouvrent de nouveaux horizons, qu'*Atala* et *René* viennent agrandir encore. Ce n'est que quelques années plus tard que la poésie proprement dite entre aussi dans ce mouvement de rénovation, et c'est M. Victor Hugo qui, dans *les Orientales*, lui imprima le coloris éclatant, la souplesse, la variété du rhythme et la variété d'imitation matérielle qui distinguent les œuvres de ce vigoureux esprit. Les arts, particulièrement la peinture historique et le paysage, ne tardèrent pas à suivre l'exemple de la littérature et de la poésie. Ce fut M. Eugène Delacroix qui traduisit sur la toile la fougue dramatique, la mélancolie philosophique et le tourbillon sanglant de la passion et du drame modernes. Marilhat et Decamps copièrent le soleil, la nature et les mœurs de l'Orient. La musique sous la forme dramatique, qui est celle que la France comprend et goûte le mieux, s'engagea aussi dans la même voie, et répondit aux besoins des nouvelles générations par deux chefs-d'œuvre qui résument tous les progrès de l'art : *Guillaume Tell*, cette incomparable merveille de notre temps, et *Zampa*, cette légende romantique d'un coloris tout moderne. *Robert le Diable*, *les Huguenots* de Meyerbeer et *la Juive* d'Halévy sont les dernières grandes conceptions du drame lyrique moderne.

Pendant que ces faits s'accomplissaient dans la littérature, dans les arts plastiques et dans la musique dramatique, un homme d'esprit et d'imagination, un chercheur audacieux dont nous pouvons parler aujourd'hui avec calme, le temps nous ayant donné raison contre lui, M. Berlioz, s'efforçait de suivre le mouvement général, et voulut donner à la France une forme de l'art qui lui était inconnue, et qu'elle ne possède pas encore, la symphonie, la musique fantastique et pittoresque. Sans insister davantage sur les efforts de M. Berlioz, qui a compliqué sa destinée en voulant parcourir à la fois deux carrières incompatibles, il est juste de dire qu'on trouve dans les compositions diverses de M. Berlioz des hardiesses de rhythme, des combinaisons piquantes de sonorité, des accouplements de timbres et des coupes mélodiques dont M. Félicien David surtout a beaucoup profité. S'il est impossible de convenir que M. Berlioz a réussi dans la tentative qui le préoccupe depuis trente ans, on ne peut pas lui refuser le mérite d'avoir entrevu le but et d'avoir frayé la route à de mieux inspirés que lui. C'est à M. Félicien David que revient l'honneur d'avoir exprimé le premier en musique toute une partie délicate de la poésie moderne, d'avoir importé dans son pays l'expression étrange des chants arabes traduits par les procédés ingénieux de l'art européen. Voilà la véritable originalité de M. Félicien David ; il est le créateur de la musique pittoresque et de genre qui n'existait pas avant lui en France. Il a exprimé ses souvenirs et ses impressions de voyageur dans une composition exquise, *le Désert*, qui lui a valu une grande et légitime réputation. Ce n'est pas un grand musicien que M. Félicien David, c'est une imagination rêveuse, un poëte élégiaque qui rencontre des accents délicieux, une âme douce et indolente qui se complaît dans la contemplation de la nature heureuse, dont il sait rendre les soupirs et les mystérieuses harmonies. Considéré comme un rêve d'or, comme un conte enchanté des *Mille et une Nuits*, le premier acte de *Lalla-Roukh* est un chef-d'œuvre.

Lalla-Roukh, dont la partition a été gravée par l'éditeur Girod, a eu un grand nombre de représentations brillantes et, le succès de cet ouvrage charmant, paraît définitivement assuré.

Au milieu des plus grandes chaleurs de l'été, le

théâtre de l'Opéra-Comique a eu l'audace d'évoquer la *Servante-maîtresse* de Pergolèse, une opérette en un acte qui date de l'année 1731. C'est le 13 août qu'a eu lieu cette résurrection devant le public qui n'a pas paru trop étonné d'entendre cette vieille sornette plus que centenaire. C'est qu'il ne faut pas oublier que la *Servante maîtresse* de Pergolèse est non-seulement le premier opéra-bouffe que l'Italie ait applaudi, mais que ce petit intermède qui a charmé tous les beaux esprits de la première moitié du xviiie siècle, Rousseau en tête, est le modèle qu'ont imité les fondateurs de l'opéra-comique, Duni, Monsigny et Grétry.

Pergolèse, dont la renommée est beaucoup plus grande en Europe que celle de ses illustres prédécesseurs et maîtres, Alexandre Scarlatti et Leo, est né dans la petite ville de la Pergola, à quelques lieues de Pesaro, dans l'ancien duché d'Urbin, en 1707. Il s'appelait Jesi du nom de sa famille, et ce sont ses condisciples au conservatoire de San Onofrio de Naples qui lui donnèrent le nom de la bourgade où il a vu le jour. C'est à l'âge de dix ans, croit-on, que le jeune Pergolèse fut conduit à Naples et admis au conservatoire que nous venons de citer. Il eut pour maître Gaetano Greco, élève distingué d'Alexandre Scarlatti et son successeur comme professeur de contre-point. Après neuf ans de travaux et d'études patientes, Pergolèse sortit du conservatoire et composa pour un couvent un oratorio sous le titre de *San Guglielmo*. Un de ces protecteurs généreux des arts comme il y en avait tant alors en Italie, le prince d'Agliano, engagea Pergolèse à écrire pour le théâtre de' *Fiorentini* un intermède bouffe, *Amor fè l'uomo cecco*, qui ne réussit pas, et qui fut suivi d'un opéra sérieux, *Recimero*, qui paraît ne pas avoir reçu un meilleur accueil. Ces débuts pénibles arrêtèrent un instant Pergolèse dans la carrière du théâtre, et il employa deux années de retraite à écrire de la musique de chambre, des trios pour deux violons et basse que lui avait commandés un écuyer du roi, le prince d'Agliano. Enfin, c'est en 1730 que Pergolèse composa la musique de *la Serva padrona,* qui fut représentée au théâtre de Santo-Bartolomeo à Naples [1]. Le succès de ce charmant badinage fut grand et le plus complet que Pergolèse ait obtenu au théâtre. *Il Maestro di musica*, *il Geloso Schernito*, qui vinrent après, n'eurent point le même retentissement. En 1734, Pergolèse fut nommé maître de chapelle de Notre-Dame de Lorette, et l'année suivante il se rendit à Rome, où il écrivit pour le théâtre *Tordinione* son opéra *l'Olimpiade*. Cet ouvrage, qui renfermait, au dire d'un contemporain, des morceaux distingués, tomba à plat devant le public romain. Duni, qui se trouvait alors à Rome pour composer un opéra, et qui avait été le condisciple de Pergolèse au conservatoire de Naples, a raconté à un biographe du temps, nommé Boyer, qu'après avoir entendu une répétition de *l'Olimpiade* il dit à Pergo-

---

1. Le *libretto*, fort agréablement écrit, de *la Serva padrona* est d'un poëte nommé Tullio.

lèse : « Il y a dans votre ouvrage trop de détails au-dessus de la portée du vulgaire; ils ne seront pas compris, et vous ne réussirez pas. Mon opéra, *Nerone*, ne vaudra pas le vôtre; mais, écrit plus simplement, il sera plus heureux. » L'événement donna raison à Duni, et *l'Olimpiade* n'eut aucun succès. Ce nouvel échec aigrit et découragea Pergolèse, qui retourna à Lorette avec la résolution de ne plus écrire pour le théâtre. Il se déclara alors dans son tempérament, affaibli par des mœurs trop faciles, une maladie de langueur qui décida les médecins à envoyer Pergolèse à Puzzola, près de Naples, pour y chercher un air plus pur. C'est dans ce dernier asile qu'il a écrit avant d'expirer son fameux *Stabat mater*, la cantate d'*Orphée* et un *Salve regina*. On croit que Pergolèse est mort à Puzzola en 1739, à l'âge de trente-deux ans. Il est arrivé à ce maître ce qui se voit bien souvent dans l'histoire des grands artistes : ses ouvrages furent mieux appréciés après sa mort qu'ils ne l'avaient été de son vivant. *L'Olimpiade* même fut reprise à Rome avec beaucoup de succès.

La réputation de Pergolèse, plus grande et plus populaire que celle des maîtres les plus illustres de la première école napolitaine, repose sur trois ouvrages : *la Serva padrona*, le *Stabat*, et un *Salve regina* pour une seule voix, deux violons, basse et orgue. On sait que le *Stabat* de Pergolèse est écrit pour deux voix égales, avec accompagnement de simple quatuor. Il renferme douze morceaux, sept duos et cinq airs.

Quelles que soient les réserves que puisse faire un goût sévère sur cette composition célèbre, on ne peut nier que le premier verset, que le *Quando corpus*, et même que le *Vidit suum dulcem natum* ne soient des inspirations musicales d'un sentiment juste et très-élevé. Je sais que le père Martini de Bologne a reproché à la musique du *Stabat* de n'être pas assez exclusivement religieuse, et de renfermer des allures et des rhythmes qui rappellent *la Serva padrona;* mais ce reproche peut être adressé à un grand nombre de compositeurs, à Haydn, à Mozart, quand celui-ci ne s'élève pas jusqu'au sublime de l'onction, comme dans son *Ave verum.* C'est une chose très-rare que de trouver dans la musique d'église des plus grands maîtres un style complétement différent de celui qui règne dans les compositions mondaines. Cherubini lui-même, quoi qu'en disent de vieux pédagogues, n'a pas résolu le problème dans ses belles messes, qui se distinguent plutôt par la noble et froide sévérité du style ecclésiastique que par l'accent profond et pathétique du sentiment religieux.

La Serva padrona de Pergolèse fut représentée à Paris, en 1752, par une troupe de chanteurs italiens où se trouvaient la Tonelli et le bouffe Manelli. On sait à quelles discussions interminables donnèrent lieu l'apparition de ces artistes d'outre-monts et le répertoire qu'ils interprétaient. Les représentations qui se succédèrent pendant deux ans à l'Académie royale de musique soulevèrent une polémique bruyante entre les beaux esprits du temps, parmi lesquels se distinguèrent Grimm et Jean-Jacques Rousseau, comme défenseurs chaleureux de la musique italienne. Outre *la Serva padrona* et *il Maestro di musica*, de Pergolèse, ces chanteurs firent connaître des ouvrages de Rinaldo di Capua, entre autres *la Donna superba*. Expulsés de Paris, en 1754, par la jalousie des partisans effrénés de Rameau et de Lulli, dont on représentait encore les tragédies lyriques, ces chanteurs italiens laissèrent après eux une impression féconde qui ne s'est jamais effacée, et d'où est sortie la charmante alliance de l'esprit français avec la mélodie italienne, c'est-à-dire l'opéra-comique. Traduite en français par un avocat littéraire nommé Baurans, *la Servante maîtresse* est restée au répertoire jusqu'à la fin du siècle dernier.

Rien n'est plus simple que le sujet de la pièce. Un vieux barbon, Pandolfe, a une servante jeune et accorte qui a résolu de devenir femme de son maître. Pour atteindre son but, Zerbine emploie toutes les ruses de son sexe et de son métier : elle rit, elle pleure, elle s'emporte, s'adoucit à propos, et finit, à force de manéges, par prendre le vieux bonhomme dans ses filets. Entre ces deux personnages qui se querellent et qui agissent, il y a un personnage muet, Scapin, qu'on invoque tour à tour, et qui joue dans cette vieille parade de la comédie improvisée, *comedia dell' arte*, le rôle du destin, qui voit tout, qui entend tout et qui ne dit jamais rien. *La Serva padrona* n'a pas d'ouverture symphonique; la pièce commence par une ariette où Pandolfe se plaint d'être mal servi par sa cameriste-major. Le style de cette ariette est syllabique et vise à l'expression logique de la parole. C'est ainsi qu'a commencé la musique de théâtre, et surtout l'opéra-bouffe. Vient ensuite un air très-vif et très-mouvementé de Zerbine, qui joue avec le muet Scapin une scène de coquetterie pour exciter la jalousie de Pandolfe. Le duo dialogué entre Zerbine et Pandolfe est vraiment charmant, d'une grande vérité scénique, et il renferme des passages qui indiquent un art bien supérieur à celui de Monsigny et de Grétry. L'*à-parté* où Pandolfe s'avoue tout bas à lui-même que Zerbine lui plaît, cette progression chromatique,—*Sur mon âme, elle me tente*,—est la marque d'un maître qui a été élevé à bonne école. On peut en dire autant de l'air de Zerbine, dont le rhythme syncopé est une forme favorite de Pergolèse, qui l'a beaucoup employée dans son *Stabat*. Cet air ne vaut pas cependant celui qui vient ensuite, en *sol majeur*, — *Charmant espoir*, — dans lequel Zerbine s'abandonne à la joie de se voir bientôt la femme de son maître. C'est un air léger, un morceau de bravoure parfaitement en situation, plein de *brio*, et qui a servi de type à tous les morceaux de ce genre qu'on trouve dans l'ancien répertoire de l'Opéra-Comique. J'insiste aussi sur le récitatif obligé et tout à fait remarquable où Zerbine, certaine maintenant d'avoir touché le cœur de son maître, lui exprime avec dignité les sentiments tendres et honorables qu'elle éprouve pour lui. Il y a dans cette scène variée un accent qui dépasse peut-être le genre de l'opéra bouffe. On sent que le génie de Pergolèse n'est pas encore entièrement dégagé des formes vagues et pompeuses de la cantate et de l'oratorio, qui ont été les premiers essais de la musique dramatique, et que les éléments du style propre au genre familier de la comédie ne sont pas encore suffisamment élaborés. Tel est aussi relativement le défaut du récitatif qui précède le dernier air que chante Pandolfe : il est trop pompeux pour le caractère du personnage et le sentiment qu'il doit exprimer. La pièce se termine par un petit duo dialogué très-agréable et encore très-frais.

C'est un événement de bon augure que la reprise, en plein XIXe siècle et en face de l'auteur d'*il Barbiere di Siviglia*, du premier opéra-bouffe que l'Italie ait applaudi. *La Serva padrona* est encore aujourd'hui un petit chef-d'œuvre de grâce et de vérité, et l'art qui s'y manifeste est bien supérieur à celui des charmants musiciens français qui se sont inspirés de l'œuvre de Pergolèse. Ce doux et mélancolique génie, qui, ainsi que Raphaël et Mozart, est mort dans la fleur de son âge, n'a pu, en abordant et en créant presque le genre de la comédie lyrique, se dégager entièrement de cette noble et vague mélopée qui a été l'origine de l'opéra-bouffe. On trouve dans *la Serva padrona* des éclats de style qui font un peu disparate avec la qualité des personnages et la nature des sen-

3.

timents qu'ils expriment; on dirait d'un enfant bien doué qui mêle à son gentil babil quelques mots sonores et pompeux sans trop savoir ce qu'ils signifient. C'est qu'en effet la musique dramatique était encore dans l'enfance du temps de Pergolèse, et ce n'est pas à l'origine des langues et des littératures qu'il faut chercher la division des genres et la propriété savante des styles. Seize ans après *la Serva padrona* de Pergolèse, Piccini écrivit à Rome, en 1740, *la Cecchina*, opéra-bouffe dont le succès fut un des plus grands que mentionne l'histoire de la musique dramatique. *La Cecchina* marque un grand progrès dans le style et le genre de l'opéra-bouffe, qui reçoit de Paisello, de Guglielmi, mais surtout de Cimarosa, son dernier développement à la fin du xviiie siècle. Rossini, avec un coloris et des engins que n'avaient pas ses prédécesseurs, imprime à l'opéra-bouffe le cachet de son génie, et il en fait l'expression de l'alacrité, du *brio*, et de la désinvolture bruyante de la comédie moderne. Ainsi donc, dans l'espace de cent ans tout au plus, depuis *la Serva padrona* jusqu'à *la Cecchina* de Piccini, du *Matrimonio segreto* de Cimarosa au *Barbiere di Siviglia*, qui est de l'année 1816, l'Italie crée et perfectionne le genre le plus difficile de la musique de théâtre, l'*opera buffa*, où elle est restée inimitable.

Il serait curieux de suivre dans l'histoire du théâtre les tentatives qui ont été faites pour exprimer la gaieté en musique et pour arriver à constituer le genre particulier et si difficile de la comédie lyrique. On ne tarderait pas à être convaincu que les Grecs et les Romains et tous les peuples de l'antiquité ont complétement ignoré qu'il fût possible de rendre avec des rhythmes et des sons autre chose qu'une noble exaltation de l'âme, un délire religieux ou une fièvreuse ivresse. Parmi les peuples modernes, il n'y a que les Italiens et les Français qui sachent vraiment exprimer la gaieté en musique, et qui possèdent au théâtre une comédie lyrique. Les chants populaires de l'Espagne, de l'Écosse, de l'Irlande, de la Suède, de la Russie, de la Pologne, de la Hongrie, si originaux et si piquants au point de vue du rhythme et de l'accent mélodique, ne sont l'écho que d'une vague disposition de l'âme : la mélancolie et une douce langueur ; mais le rire, qui est à la fois le signe universel et humain de la joie de l'âme et la marque particulière d'un aperçu de l'esprit, d'un jugement rapide de la raison, le rire social et *critique*, n'a été exprimé en musique que par les Italiens et les Français. Je sais bien qu'on pourrait répondre que les Allemands ont des opéras-comiques, et que le *Nozze di Figaro*, *l'Enlèvement au Sérail* et *Cosi fan tutte*, de Mozart, sont des chefs-d'œuvre pleins de grâce, et d'une exquise gaieté. C'est vrai, et ce n'est pas moi qui médirai jamais du génie suprême de Mozart ; mais le rire de Mozart est un *sourire* angélique, et n'a rien de commun avec la raillerie sociale et la verve satirique de Beaumarchais et de Rossini. Encore une fois, il n'y a que les Italiens et les Français qui aient su exprimer la gaieté en musique et qui possèdent une comédie lyrique [1].

Je ne puis mieux terminer ces courtes réflexions qu'en faisant remarquer une heureuse combinaison du sort : l'auteur de *la Servante maîtresse* est né à quelques lieues de la ville de Pesaro, où s'est épanoui l'enfant merveilleux qui a fait *il Barbiere di Siviglia*, et qui, à l'heure où je trace ces lignes, promène ses loisirs *beati* sous les ombrages de Passy.

On a ajouté à la partition originale de Pergolèse une petite ouverture que M. Gevaërt a composée et instrumentée avec beaucoup de tact sur un motif d'une sonate de Domenico Scarlatti, contemporain de Pergolèse. Nous l'avons déjà dit, c'est en 1752 que le signor Bambini, directeur d'une troupe de chanteurs italiens, vint à Paris et donna à l'Opéra une série de représentations qui excitèrent un grand intérêt et une polémique. Ils débutèrent le 2 août 1752, par la *Serva padrona*, qui fut traduite en français deux ans plus tard et représentée sur le théâtre de la comédie italienne, le 24 août 1754. Grimm, dans sa *Correspondance*, parle de cette traduction dans les termes suivants : « Un nommé Baurans vient d'exécuter un projet dont le succès n'a pas été et ne peut être contesté ; il a entrepris une traduction

---

[1]. Qu'on me permette de faire ici un aveu. Il y a vingt-cinq ans au moins que j'ai osé publier un opuscule sous ce titre, *la Philosophie du rire*. Quel a été mon étonnement de trouver un jour ce petit livre in-18 de 300 pages cité avec honneur par un grave philosophe allemand !

presque littérale de la *Serva padrona*, en conservant la musique du *sublime* Pergolèse. Cet intermède est joué à la comédie italienne, et tout Paris y court avec une espèce d'enthousiasme. »

La musique du petit chef-d'œuvre de Pergolèse, il faut le répéter, mérite encore une partie des éloges que lui donnèrent Rousseau, Grimm, Diderot, La Harpe et tous les esprits éclairés qui défendirent le charme et la vérité de la musique italienne contre les lourdes lamentations de Rameau et de ses imitateurs. Madame Galli-Marié, qui s'est produite pour la première fois à l'Opéra-Comique, est la fille de M. Marié, chanteur de l'Opéra et ancien élève de Choron. C'est du théâtre de Rouen qu'est venue Mme Galli-Marié, qui est vive, accorte et agréable de sa personne. Sa voix est un *mezzo-soprano* d'un timbre gros et sonore, et dont la flexibilité pourrait être mieux dirigée et moins cahotante. Elle chante et joue avec esprit et bonne humeur, et ne laisse à désirer qu'un peu plus de distinction dans les manières, qui sont parfois trop lestes ; car Pandolphe n'est pas un imbécile, et il faut le séduire avec plus de goût et moins de grimaces. Cette artiste, d'une physionomie souriante, qui ne jouait en province, assure-t-on, que des rôles sérieux, a été favorablement accueillie par le public de Paris. C'est M. Gourdin qui a représenté le vieux Pandolphe, à qui il ne donne pas non plus toute la dignité voulue. La voix de M. Gourdin est mordante, et s'il était moins pasquin, il aurait produit un meilleur effet dans le beau récitatif et dans l'air en *mi-bémol* qui précèdent le duo final, duo piquant et d'un accent juvénile : *Me seras-tu fidèle?* Les amateurs des choses vraies et délicates n'ont pas manqué d'aller entendre la *Servante maîtresse*, un chef-d'œuvre de cent trente-deux ans, qui a fait l'éducation musicale de la France [1].

Non content de ces résurrections de vieux ouvrages, qui n'ont fait peur à personne, le théâtre de l'Opéra-Comique a remis en scène, dans le cours du mois d'octobre, la *Dame blanche* de Boïeldieu. Ce délicieux ouvrage a été monté avec soin, et un nouveau ténor, M. Léon Achard, y a débuté dans le rôle de George Brown. Si Mme Galli-Marié est venue de Rouen, M. Léon Achard a été enlevé au théâtre de Lyon, où il faisait la pluie et le beau temps, comme on dit. Il est fils du comédien Achard, qui a longtemps brillé sur les petits théâtres de Paris. Élève du Conservatoire, M. Léon Achard a figuré pendant quelque temps dans le personnel du Théâtre-Lyrique, et puis il est allé acquérir en province la réputation qui lui a valu d'être appelé à l'Opéra-Comique. La voix de M. Achard est un vrai ténor. Il monte jusqu'au *si* supérieur sans amortir l'éclat des notes supérieures, et sans avoir recours à ce qu'on

---

1. La petite partition de *la Servante maîtresse*, telle qu'on l'exécute à l'Opéra-Comique, a été publiée avec soin par la maison Girod. On y a ajouté une préface où sont consignés tous les renseignements qu'on peut désirer sur les représentations successives de l'œuvre de Pergolèse.

appelle la voix de tête, dont il se sert peu. Il chante avec chaleur, avec sentiment, et, s'il lui manque un peu de distinction comme comédien, il paraît assez intelligent pour s'en apercevoir. M. Achard, qui a fort bien réussi auprès du public parisien, n'aura qu'à se défendre contre les éloges exagérés qu'on ne manquera pas de lui adresser. Mlle Cico a été tout à fait charmante dans le rôle d'Anna, qui convient à sa taille élancée et à sa jolie figure d'une expression un peu mélancolique. Sa belle voix de soprano, très-exercée, mais d'un timbre trop solennel dans les notes supérieures s'y développe aussi aisément que dans *Lalla-Roukh*. En général, la *Dame blanche* a été montée avec beaucoup d'ensemble, et a attiré, au théâtre de l'Opéra-Comique, une foule qui ne s'est pas ralentie jusqu'à la fin de l'année et au delà.

Comme on vient de le voir, le théâtre de l'Opéra-Comique, sous la nouvelle direction de M. Perrin, a parcouru assez heureusement l'année dont nous avons recueilli les faits. *Lalla-Roukh* de M. Félicien David, la reprise de *Rose et Colas*, de la *Servante maîtresse*, de *Zémire et Azor*, et celle de la *Dame blanche*, ont défrayé le répertoire et satisfait le nombreux public qui fréquente ce théâtre si aimé.

III

THÉATRE ITALIEN.

M. Bruni, ténor. — Débuts de Mlle Guerza. — Débuts de M. Naudin, ténor. — MM^{mes} Vidal et Cantoni. — Rentrée de M. Gardoni. — M. Mario. — Rentrée de Mme Frezzolini. — *Il Furioso nell' isola di San Domingo*, opéra de Donizetti. — Reprise de *Cosi fan tutte*; opéra en trois actes, de Mozart. — M. Bartolini, baryton. — Débuts de Mlle Adelina Patti. — M. Tamberlick et Mme Charton-Demeur.

Il y a longtemps que le Théâtre-Italien de Paris n'est plus digne de la grande réputation dont il a joui pendant les quinze années de la Restauration et sous la monarchie de Juillet. Un répertoire riche et admirable, mais usé par une exécution imparfaite et un personnel insuffisant, composé de quelques virtuoses de talent et de beaucoup de médiocrités ; une cohue de musiciens, de choristes et de coopérateurs qu'on reçoit chaque année au hasard, sans qu'une main savante et autorisée en dirige les efforts, voilà le spectacle que nous offre depuis plusieurs années un théâtre fameux qui a été le point de mire de toute l'Europe, une école de bon goût et de l'art de chanter. Je n'ignore pas quelles sont les difficultés qu'on rencontre aujourd'hui pour avoir une bonne réunion de voix saines et exercées. On chante l'opéra italien dans toutes les grandes villes du monde, et, pour subvenir à une consommation aussi considérable de chanteurs dramatiques, on précipite les études et on lance dans la carrière des athlètes mal préparés à supporter le fardeau d'un opéra moderne, rempli de difficultés vocales et de situations violentes. De là la prompte ruine des organes les plus vigoureux et le haut prix qu'exigent les virtuoses célèbres qui sont encore valides. Mais ce qui manque surtout au Théâtre-Italien de Paris, nous l'avons dit souvent, c'est une administration intelligente, qui connaisse à fond le riche répertoire qu'elle a à exploiter, et qui sache tirer un bon parti de tous les instruments d'exécution qu'elle a sous la main; ce qu'il faut, c'est une troupe stable, soumise à l'autorité d'un chef éclairé, qui ait le pouvoir de faire respecter l'esprit de l'ouvrage qu'on exécute, et de mettre chaque artiste à la place où il peut être utile. On ne sait pas assez tout ce que l'on pourrait faire avec des artistes de second et même de troisième ordre qui seraient dirigés par un chef capable.

Voyez, au contraire, ce qui se passe. Excepté MM. Mario, Delle Sedie et Zucchini, mesdames Alboni, Penco et Battu, tout le reste de la troupe est composé d'artistes inconnus qui paraissent et disparaissent comme des voyageurs dans une hôtellerie. Le public n'a pas le temps de les juger, et, au besoin, de les élever par ses encouragements.

C'est un véritable caravansérail que le Théâtre-Italien, où les chanteurs qui ont vu le jour par delà les monts sont aussi rares que les merles blancs.

C'est par la *Norma* qu'on a ouvert la saison dans le mois d'octobre, en y faisant débuter un ténor tudesque qui s'est donné le nom de M. Bruni. Ce pauvre diable s'appelait Braun. Il est né à Stuttgardt, où il était dans une maison de commerce. Lui trouvant de la voix, un maître lui a frotté les lèvres avec une partition italienne et, au bout d'un an, il a apparu sur le Théâtre-Italien dans le rôle de Pollione. Il tremblait de tous ses membres et il ne savait ni sur quelle jambe se tenir, ni sur quelle note chanter. Madame Penco, qui représentait la prêtresse sauvage, eut pitié de son triste amant; elle semblait lui dire de son regard adouci :—N'aie pas peur, mon ami, c'est pour nous amuser que nous disons tout cela. Je ne suis pas aussi méchante que tu le crois.—M. Bruni, dont la voix ne manque pas d'étendue, de charme et de flexibilité, n'a pu se remettre pendant toute la soirée, ni les soirées suivantes. Il avait l'air d'une âme en peine entre ces deux gaillardes de femmes *Norma* et *Adalgisa*, qui, au lieu de se le disputer comme deux rivales, semblaient craindre, au contraire, qu'il ne leur restât sur les bras. Après trois ou quatre représentations, M. Bruni a disparu de la scène italienne sans qu'on sache ce qu'est devenue une tête aussi chère. Un autre début s'est fait aussi d'une manière clandestine : une demoiselle Guerra, née à Milan, élevée au Conservatoire de Paris, après s'être essayée à l'Opéra-Comique dans un ouvrage en un acte, le *Buisson Vert*, après avoir été attachée à l'Opéra, où jamais on n'a pu admirer que ses beaux yeux, a paru tout à coup dans *Rigoletto*. C'était un dimanche et la cantatrice était entourée de protecteurs puissants qui s'étaient emparés des premières places de la salle. Mademoiselle Guerra a eu cependant de la peine à se remettre de l'émotion bien naturelle qu'elle éprouvait. Elle est mignonne, mademoiselle Guerra, d'une tournure et d'une figure gracieuse, et sa voix de soprano aigu, un peu aigre, un peu tremblottante, ne manque pas de flexibilité ; elle a été accueillie avec indulgence, et dans un rang modeste, elle pourrait être utile au Théâtre-Italien, si on la conserve.

On sait que, tous les ans, M. le directeur du théâtre dont nous écrivons l'histoire ne manque jamais de commettre un sacrilége, en donnant trois ou quatre représentations du *Don Juan* de Mozart, qui font fuir d'horreur tous ceux qui ont la moindre idée du divin chef-d'œuvre ; cela se passe *coram populo verdesco*, qui ne comprend absolument rien à cette musique profonde et touchante, qui n'a pas d'égale au monde. C'est M. Delle Sedie qui, cette année, a abordé pour la première fois de sa vie ce rôle redoutable, où il faudrait être aussi grand chanteur qu'habile comédien. Madame Penco s'est chargée du personnage de doña Anna, mademoiselle Guerra de celui d'Elvira, mademoiselle Battu, Zerlina; M. Mario a pris don Ottavio ; M. Zucchini, qui n'a pas de voix, a joué Leporello, où Lablache était incomparable. Malgré ce personnel et une exécution malheureuse, on n'a pu empêcher que quelques morceaux du chef-d'œuvre n'aient produit de l'effet : le duo *La ci daren la mano*, que M. Delle Sedie a dit avec grâce, le trio des masques, qu'on a fait répéter, et la sérénade du second acte, *Deh! vieni alla finestra*, où M. Delle Sedie a prouvé qu'il est un chanteur exquis dans son genre limité. On lui a fait recommencer ce morceau adorable où l'expression de l'amour se combine avec le ricanement d'une cruelle fantaisie. Que n'a-t-il une voix suffisante, M. Delle Sedie, pour rendre avec l'énergie nécessaire le côté héroïque de l'incarnation du génie de Mozart ! Madame Penco, dans le rôle de doña Anna qu'elle a joué avec énergie, a eu quelques élans généreux, mais rien de mieux ; car cette musique, à la fois noble et touchante, exige une tenue de style que la cantatrice de l'école de Verdi n'a jamais connue. Mademoiselle Guerra a été supportable dans Elvira et mademoiselle Battu a prêté au personnage de Zerlina tout le talent qu'elle possède, moins le charme qu'elle n'a pas. Quant à M. Mario, il a été bien triste dans la cavatine *Il mio tesoro*. Eh bien ! malgré ces altérations profondes qu'on fait subir à ce miraculeux chef-d'œuvre, il vit et il projette toujours quelques rayons de sa jeunesse éternelle.

Les trois événements les plus remarquables qui se

soient produits au Théâtre-Italien pendant cette année, ce sont les débuts d'un nouveau ténor, M. Naudin, la reprise de l'opéra de Mozart, *Cosi fan tutte*, et l'avénement de mademoiselle Patti. M. Naudin, qui vient d'Italie, où il est né dans la ville de Parme d'une famille française, a débuté au mois de février dans la *Lucia* et puis il a abordé le rôle important du duc dans *Rigoletto* et celui de Gennaro dans la *Lucrezia Borgia* de Donizetti. M. Naudin, qui a été évidemment élevé avec la musique de M. Verdi, possède une assez bonne voix de ténor qui n'est plus de la première jeunesse, ni d'une entière fraîcheur. Elle est vigoureuse dans les notes élevées, qui ont plutôt l'éclat métallique de la trompette que la morbide se et la *mezza tinta* d'un organe assoupli par l'art de la vocalisation. Aussi, dans le joli quatuor de *Rigoletto* a-t-il été un peu lourd en chantant l'agréable cantilène : *Bella figlia dell' amore*, qui sert de fil conducteur aux autres parties; il s'est trop appesanti sur un motif qui doit flotter légèrement sur le *mormorio* de l'harmonie.

Dans la *Lucrezia*, une des belles partitions de Donizetti, le nouveau ténor a joué le rôle de Gennaro avec un peu trop de pétulance. Il en est résulté des sons de gorge peu agréables à entendre. M. Naudin s'est permis aussi d'intercaler dans la *Lucrezia* un air appartenant à une autre partition de Donizetti; ces sortes de licences, si fréquentes en Italie et sur les principaux théâtres italiens de l'Europe, ne sauraient être tolérées à Paris. M. Naudin fera bien de se les interdire, s'il veut acquérir la réputation d'un chanteur dramatique sérieux. Quoi qu'il en soit de nos réserves, M. Naudin a été une bonne acquisition pour le Théâtre-Italien, ainsi que le baryton Bartolini, qui a du talent et qui articule fort bien la belle langue italienne. On ne peut pas faire le même compliment à madame Penco, qui a eu d'assez beaux élans dans le rôle de Lucrezia, où la Grisi était si admirable. Madame Penco, qui a un vrai talent, de la passion, du zèle, une voix chaude et sympathique, manque un peu de distinction. Elle a contracté depuis quelque temps un défaut qui tend à accroître chaque jour : elle *pleurniche* au lieu d'exprimer franchement la douleur, et son émotion s'épand en petits sanglots qui étranglent la phrase mélodique et nuisent à l'effet en l'exagérant. Mademoiselle Trebelli a été gracieuse, mais un peu froide dans le rôle de Maffio Orsini. C'est une belle œuvre que la *Lucrezia*, composée par Donizetti à Milan en 1833. Bien que l'imitation y soit sensible, on trouve dans cet opéra intéressant une vigueur, une passion, un coloris et une égalité de style que le maître n'a retrouvés au même degré que dans son chef-d'œuvre, la *Lucia*.

Tel n'est pas le mérite d'un autre ouvrage du même maître, *Il Furioso nell' isola di San Domingo*, qu'on a représenté le 3 janvier. Écrit à Rome en 1833 pour le célèbre chanteur Ronconi, qui paraît avoir été admirable dans le rôle principal du fou par amour, cet opéra n'est qu'un canevas des œuvres mieux réussies que le compositeur a produites plus tard. Je n'y ai remarqué qu'une romance de baryton au premier acte et le sextuor qui forme le final du second acte, et qui a servi de charpente au beau final de la *Lucia*. C'est pour M. Delle Sedie qu'on a déterré ce médiocre ouvrage, qu'on aurait dû laisser dans les cartons. M. Delle Sedie, qui est un chanteur de goût et un comédien intelligent, n'a pas eu dans le rôle du *furioso* la vigueur sauvage qui aurait pu faire supporter pendant quelques représentations une aussi faible musique. On a donné aussi la *Cencrentola* avec un personnel insuffisant. Excepté Mme Alboni, dont la bonne mine et l'admirable voix n'inspirent nullement la pitié, tout a été misérable. Un ténor, qui est sorti on ne sait d'où, a débuté dans le rôle de Ramiro. C'est un écolier que M. Vidal, et sa petite voix de ténor aurait eu grand besoin d'être soumise à une rude discipline. Ni M. Zucchini, dans don Magnifico, ni M. Delle Sedie, dans le rôle de Dandini, n'ont été suffisants ; quant aux deux femmes qui ont représenté les deux sœurs de Cendrillon, elles ont été assez habiles pour chanter faux toute la soirée, et pour gâter l'effet de l'admirable sextuor du second acte — *quest' è un noddo avvilupato*. — Ah ! si le lieu me le permettait, que je serais heureux de démontrer aux moralistes transis que la raison a peu à faire dans l'invention des choses délicates de l'art, et qu'on peut faire un chef-d'œuvre sur l'air *Ah ! vous dirai-je, maman!* — Le grand sextuor de la *Cenerentola*, le final du premier acte du même ouvrage, le final du premier acte de l'*Italiana in Algieri*, celui du *Barbier de Séville*, et tant d'autres, sont des merveilles de grâce et de fantaisie bâties sur une pointe d'épingle. Dites-moi donc la raison des arabesques de Raphaël? Expliquez-moi, au nom d'Horace et de Boileau, le génie de Shakspeare, multiple et varié comme la vie et comme la nature? O Richard Wagner, tudesque barbare! O Mendelssohn, noble et triste nature! ô vous tous auteurs ennuyeux, imitateurs du pathos germanique, vous ne comprenez rien à cette joyeuseté divine d'un art qui rayonne comme le soleil, et qui charme le monde sans se préoccuper de mythes, ni de psychologie transcendentale!

Mme Frezzolini, de gracieuse mémoire, qui pendant si longtemps a charmé l'Italie, où elle est née, et qui a parcouru le monde dans tous les sens, est revenue à Paris bien changée, hélas! Elle a reparu au Théâtre-Italien, dans la *Luccia* de Donizetti, qui était autrefois un des beaux rôles de son répertoire. Elle a été accueillie avec courtoisie par le public, qui lui a su gré du style, de la tenue élégante, de la grâce et du sentiment qu'elle possède encore au déclin d'une brillante carrière. La voix de Mme Frezzolini, qui était autrefois si flexible et si étendue, est aujourd'hui ternie par les fatigues, mais il lui reste le goût et les traditions d'une belle école. C'est une artiste de haute lignée, et on peut l'entendre encore avec plaisir. M. Naudin a eu d'heureux moments dans le rôle d'Edgardo. Si M. Naudin, qui joue et chante avec feu, pouvait modérer ses transports et ménager la transition du *fortissimo* à la voix mixte et *smorzata*, dont il se sert avec adresse, il serait un chanteur d'un plus haut prix. C'est M. Bartolini qui a rempli le rôle d'Asthon, avec un emportement farouche qu'il ferait bien de modérer aussi.

La voix de baryton de M. Bartolini, d'un timbre un peu âpre, ne manque pas de sonorité, et lorsqu'il éclate en cris forcenés, ce qui lui arrive assez souvent, son organe s'assourdit et devient désagréable à l'oreille. Malgré ces imperfections, malgré l'incorrigible manie de M. le chef d'orchestre de précipiter tous les mouvements, le chef-d'œuvre de Donizetti a été exécuté avec assez d'ensemble et de fidélité. Quelle musique! que de sentiment, que de grâce dans cette délicieuse partition, dont le final du second acte est une merveille de facture et d'inspiration! Ah! quand les Italiens sont des maîtres, ils sont les premiers du monde dans la musique vocale et dramatique. Devons-nous apprendre à la postérité que le Théâtre-Italien a donné aussi la *Sonnambula* avec un ténor impossible, M. Cantoni, qui a chanté le rôle d'Elvino, sans voix, sans jeunesse et sans talent? On l'a renvoyé bien vite, et on l'a remplacé par M. Gardoni, une vieille connaissance du public parisien.

C'est le 13 novembre que le Théâtre-Italien a remis

au répertoire l'opéra de *Cosi fan tutte* de Mozart, qu'on n'avait pas entendu à Paris depuis 1820. Ce chef-d'œuvre de grâce et de sentiment, d'un style si varié et si profond, a été bien accueilli par cette partie supérieure du public qui, dans tous les pays de l'Europe, représente la civilisation. Malgré une exécution imparfaite, malgré l'insuffisance du personnel chargé d'interpréter cette partition difficile, qui renferme trente et un morceaux, dont quelques-uns sont très-développés, on a senti le charme de cette musique inspirée de Dieu, et ourdie par la main d'un maître puissant et adorable.

Cosi fan tutte a été représenté pour la première fois à Vienne, sur le théâtre italien de la cour, le 26 janvier 1790. C'était le quatrième opéra de Mozart, qui a composé depuis la *Flûte enchantée* et la *Clemenza di Tito* avant de mourir, le 5 novembre 1791. Le poëme est de Lorenzo da Ponte, qui avait écrit pour Mozart les deux *libretti* des *Nozze di Figaro* et de *Don Giovanni*. — Deux jeunes officiers et amis, Ferrando et Guglielmo, se trouvent dans un café à Naples où ils s'entretiennent de la beauté et des vertus des deux femmes qu'ils aiment et qu'ils doivent bientôt épouser. Un ami commun, don Alfonso, devant lequel ils exaltent leur enthousiasme amoureux, trahit son incrédulité par un sourire ironique qui les irrite. — Est-ce que vous douteriez de l'honneur et des vertus de nos belles? lui disent-ils en portant la main sur la garde de leur épée. — Vous êtes bien téméraires, répond don Alfonso avec malice ; il en est de la fidélité des femmes comme du phénix d'Arabie, tout le monde en parle, et personne ne l'a jamais vu. — A cette comparaison injurieuse, les deux braves répondent qu'ils sont prêts à défendre l'honneur de leurs fiancées l'épée à la main. — Cela ne prouverait rien du tout, répond don Alfonso. Faisons mieux, parions les frais d'un bon souper, cent sequins si vous voulez, et je me charge de vous démontrer que Fiordiligi et Dorabella sont des femmes comme les autres. — Le pari est accepté par les deux héros, et voilà don Alfonso qui se met à combiner un stratagème absurde et impossible pour lequel il mériterait cent coups de bâton. Don Alfonso va trouver les deux sœurs Fiordiligi et Dorabella, qu'il connaît depuis longtemps, et il leur annonce la triste et fausse nouvelle que le régiment où servent Ferrando et Guglielmo va partir dans quelques jours. Les deux femmes, désolées de ce malheur inattendu, se jettent en pleurant dans les bras de leurs amants, qui surviennent un moment après pour faire leurs adieux. Les deux amants sont à peine partis que don Alfonso demande la permission à Fiordiligi et à Dorabella de leur présenter deux Valaques de ses amis qui viennent d'arriver dans la ville. On devine que ces deux étrangers sont les deux officiers déguisés qui cachent leurs traits sous de formidables moustaches. Une intrigue impossible se noue aussitôt entre les prétendus Valaques et les deux femmes, qui, après avoir appris la mort fictive de leurs véritables amants, finissent par écouter sans colère les propos galants des deux imposteurs. Les choses s'arrêtent à temps, et l'*imbroglio* se dénoue par le mariage des deux couples réconciliés, ce qui fait dire à don Alfonso, qui a presque gagné son pari : « Heureux l'homme qui prend toute chose par le bon côté ! » Cette morale vaut son prix ; mais on eût pu la tirer d'un conte plus amusant et surtout moins invraisemblable. Quoi qu'il en soit du mérite de ce *libretto*, qui a toujours été sévèrement jugé, même en Allemagne et du temps de Mozart, puisqu'il a suffi à l'inspiration d'un grand maître, nous pouvons nous en contenter. Il ne faut voir dans ce *libretto* qu'une espèce de canevas, une pièce à tiroir, c'est-à-dire une succession de scènes et de situations plus ou moins vraisemblables dont l'enchaînement logique est tout à fait arbitraire.

L'ouverture de *Cosi fan tutte* n'est pas l'une des meilleures de Mozart. Elle n'offre qu'un petit thème gracieux traité par l'auteur avec l'art qui lui est propre, et l'opéra commence par un trio entre Ferrando, Guglielmo et don Alfonso. Ce morceau agréable et court engage l'action, qui se poursuit dans un second trio, où don Alfonso émet ses doutes blessants sur la fidélité des femmes en général. Dans un troisième trio, qui vient après, les trois amis ont fixé les conditions du pari, et les deux officiers expriment la joie qu'ils auront de triompher de don Alfonso, qui répond : « Nous verrons bien ! »—Ce morceau charmant est plus développé et plus agréable que les deux autres ; il renferme une jolie phrase où la voix sonore de M. Naudin a produit le meilleur effet.

Dorabella et Fiordiligi se promènent dans un beau jardin en pensant à leurs amants, dont elles tiennent chacune à la main le portrait, qu'elles interrogent avec passion ; elles expriment le ravissement de leur cœur dans un duetto délicieux d'une grâce toute printanière : l'*allegro* de ce duo est surtout bien joli. Une cavatine pour voix de basse, que chante don Alfonso en se disposant à jouer son rôle difficile, est passée sous silence au Théâtre-Italien, ainsi que bien d'autres morceaux que nous aurons occasion de signaler. Après cet air très-court vient un quintette admirable entre les deux fiancées et les trois parieurs. Dans ce morceau compliqué, le musicien doit exprimer à la fois la fausse douleur des deux officiers, la tendresse réelle des deux femmes qui s'attristent sincèrement du départ de leurs amants, dont elles ignorent le complot, et les moqueries perfides de don Alfonso, qui joue dans cette partie le rôle d'un Méphistophélès de salon. Il faut voir et il faut entendre avec quel art, avec quelle inspiration profonde et touchante Mozart a combiné dans un ensemble saisissant ces différentes modifications de l'âme. Il pleure pour tout de bon, ce tendre et mélancolique génie, il ne se prête pas à l'indigne fourberie de son poëte. Les yeux tournés vers l'idéal, c'est l'amour vrai qu'il chante par la bouche de Fiordiligi et de Dorabella, et il tire de ces êtres vulgaires que lui présente la réalité, un divin concert digne de charmer un Platon ou un saint Augustin. Ce quintette est séparé par un duettino entre Guglielmo et Ferrando, et par un chant guerrier, d'un second quintette non moins exquis de sentiment ; ce sont les adieux que se font les deux couples amoureux en présence de don Alfonso :

> Di scrivermi ogni giorno
> Giurami, vita mia.

« Jure-moi, ô mon cœur, de m'écrire chaque jour ! » Et sur ces paroles, d'un style bourgeois Mozart exhale encore un hymne d'amour qui a frappé Rossini, car il en a reproduit l'accent et le dessin d'accompagnement dans le beau trio du second acte dans *Semiramide*, — *L'usato ardir*. — Un trio délicieux entre les deux femmes et don Alfonso est aussi passé sous silence au Théâtre-Italien, et cette suppression est d'autant plus blâmable qu'il est facile à chanter. Un air d'un grand style, — *Smanie implacabili*, — que chante Dorabella par la bouche de Mme Alboni, qui est obligée de le transposer et de l'altérer, précède un autre petit air que chante Despina la camériste, après quoi vient un sextuor très-compliqué et très-varié d'incidents. Ce sextuor, par lequel on termine le premier acte au Théâtre-Italien, résulte de la présentation des deux amants qui, sous le costume de Valaques, viennent éprouver la fidélité de Fiordiligi et de Dorabella. Celles-ci reçoivent les prétendus étrangers avec indignation, et ce sentiment est rendu par un mouvement énergique qui emporte les quatre autres voix dans un ensemble harmonieux d'un puissant effet. Ce sextuor est très-difficile à bien exécuter. Un air de Fiordiligi, un autre très-piquant de Guglielmo, précèdent un trio pour voix d'homme d'un comique délicieux : — *E voi ridete?* — *E noi, ridiamo.*— Ce sont don Alfonso d'un côté, Guglielmo et Ferrando de l'autre, qui rient à gorge déployée de la scène qui vient de se passer avec Fiordiligi, Dorabella et Despina. Après ce trio d'une gaieté si franche, qu'on fait aussi répéter chaque soir, Ferrando reste seul, et sans cause apparente, sans rime ni raison, comme on dit vulgairement, il exhale de son cœur un soupir d'une douceur ineffable :

Un' aura amorosa...

A quel propos Ferrando dit-il ces paroles insignifiantes et chante-t-il cette mélodie d'une suavité si exquise? A qui parle-t-il? à qui exprime-t-il le sentiment très-vague qui l'anime? Il parle aux étoiles, il dit ce qu'il sent pour le plaisir de le dire ; c'est à Dieu, c'est à l'espace et à la nature qu'il chante l'hymne de son amour, c'est enfin à lui-même qu'il confie sa joie et qu'il avoue qu'un regard clément de la femme qu'on aime est la plus grande joie de la vie. Cela suffit, ô grossiers réalistes, pour faire un chef-d'œuvre de l'art! M. Naudin chante ce bel air, qu'on lui fait recommencer, avec un goût qui serait presque irréprochable, s'il ne poussait parfois des sons violents comme s'il s'agissait d'un air de M. Verdi. Un sextuor d'une grande variété d'incidents forme le finale du premier acte dans la partition de Mozart. C'est la scène impossible des deux prétendus Valaques, lesquels, présentés par don Alfonso secondé par la camériste Despina, viennent tenter un grand coup sur la sensibilité des deux amantes, en feignant de s'être empoisonnés par amour pour elles. Cette parade absurde, digne du *Malade imaginaire*, a inspiré à Mozart un morceau capital qui vaut à lui seul tout un opéra. Il est divisé en six épisodes et une *stretta* ou conclusion d'un effet si grand et si beau que cela dépasse de beaucoup le cadre dessiné par l'auteur du *libretto*. Quel regret nous éprouvons de ne pouvoir nous servir des signes propres à la musique pour relever les délicatesses et les beautés de détail qu'on trouve dans ce magnifique tableau !

Le second acte, quoique moins riche que le premier, renferme cependant un grand nombre de morceaux remarquables. Tels sont le petit duo de Dorabella et Fiordiligi, qui examinent les avantages physiques des deux étrangers dont elles sont éprises, un quatuor très-court, un duo charmant entre Dorabella et Guglielmo, qui, sous le costume d'un faux Valaque, lui dit mille tendresses. Viennent encore plusieurs airs, parmi lesquels se trouve celui que chante Alfonso, qui est d'une gaieté piquante : *Donne mie la fatte a tanti*. L'air dans lequel Ferrando exprime la douleur qu'il éprouve de se voir trahi par sa fiancée est largement dessiné et d'un beau caractère; M. Naudin le chante avec talent. Citons encore l'air coquet de Dorabella : *L'amore è un ladroncello,* si délicieusement accompagné, le duo très-passionné entre Ferrando et Fiordiligi, et surtout le finale. Pour faire mieux comprendre les beautés et les délicatesses qu'on trouve dans ce tableau musical d'un grand maître, il n'est pas inutile d'expliquer dans quelle situation se trouvent les différents personnages de cet imbroglio vraiment incroyable. Les deux prétendus Valaques ont réussi à toucher le cœur de Fiordiligi et de Dorabella, qui se sentent d'autant plus disposées à les écouter qu'elles se croient libres par la mort de Ferrando et de Guglielmo, qui auraient péri sur le champ de bataille. C'est don Alfonso, aidé de la camériste Despina, qui a répandu cette triste nouvelle, qui dégage Fiordiligi et Dorabella de leurs serments. N'oublions pas de dire aussi que, dans le premier acte, Ferrando est le fiancé de Dorabella et Guglielmo celui de Fiordiligi. Dans l'intrigue ourdie par don Alfonso, les rôles sont retournés : Ferrando se fait aimer de Fiordiligi, tandis que Guglielmo s'adresse à Dorabella. C'est une partie carrée renversée.

Le finale commence par un mouvement rapide de l'orchestre et par un chœur de quelques mesures au milieu duquel don Alfonso et Despina donnent des ordres pour la fête et le festin qui se préparent. Le chœur reprend ensuite ses cris joyeux sur un nouveau mouvement, auquel s'enchaine un délicieux quatuor chanté par les deux couples amoureux. Assis à table et le verre en main, les quatre convives se disent les choses les plus tendres aux sons d'une musique divine. Je ne connais rien de comparable à ce petit morceau en *si bémol* de trente-deux mesures! Les dieux de l'Olympe devaient chanter ainsi leur félicité éternelle. Despina, déguisée en notaire, survient alors pour dresser le contrat de mariage des nouveaux époux. Après cette parade, tout à fait impossible, don Alfonso vient annoncer, les larmes aux yeux, que Ferrando et Guglielmo sont de retour, et que la nouvelle de leur mort était fausse. Grande surprise et grande confusion de la part des deux sœurs Fiordiligi et Dorabella! Les deux Valaques se sauvent clandestinement, et reviennent un instant après sous leur premier costume. Une explication orageuse a lieu alors entre les quatre amants, et la ridicule comédie que viennent de jouer Guglielmo et Ferrando se termine par un bon mariage.

Tel est l'imbroglio absurde qui a inspiré à Mozart l'un de ses trois grands chefs-d'œuvre de musique dramatique, car la partition de *Cosi fan tutte* est presque à la hauteur des *Nozze di Figaro* et de *Don Giovanni*. Mozart n'a rien écrit de plus touchant que le quintette du premier acte, — *Di scrivermi ogni giorno*, — de plus gai que le trio bouffe — *E voi ridete?* — de plus adorable que l'air — *Un' aura amorosa*, — de plus savant et de plus compliqué que le sextuor qui termine le premier acte. Qu'y a-t-il de plus gracieux que le *duettino* de Fiordiligi et de Dorabella au second acte, — *Prenderò quel brunettino*, — et celui entre Guglielmo et Dorabella, — *Il core vi dono?* — Quel air admirable de style que celui de Ferrando — *Tradito, schernito!* — Il est triste de constater qu'au Théâtre-Italien on supprime et on dérange plusieurs des plus beaux morceaux de *Cosi fan tutte*. Ainsi on passe le duo entre Ferrando et Guglielmo, — *Al fatto dan legge, quei occhi vezzosi;* — le quatuor entre les trois hommes et Despina, — *La mano vi dono;* — le duo entre Guglielmo et Dorabella, — *Il coro vi dono*. — Mme Frezzolini supprime le grand air — *Per pietà ben mio*. — De pareilles licences sont indignes d'un grand théâtre subventionné pour entretenir en France le goût de la belle musique italienne et l'art de bien chanter.

Quoi qu'il en soit de ces mutilations inintelligentes, qu'on pouvait s'épargner peut-être, soyons reconnaissants envers les artistes qui ont contribué à la restauration de l'opéra de *Cosi fan tutte*, l'un des plus difficiles et des moins connus de Mozart. M. Naudin surtout, dans le rôle de Ferrando, a révélé un talent de chanteur qu'on ne lui connaissait pas. Il dit particulièrement la délicieuse mélodie — *Un' aura amorosa* — avec beaucoup de délicatesse. M. Bartolini serait beaucoup mieux dans le rôle de Guglielmo s'il pouvait éclaircir un peu le timbre de sa voix de baryton, trop mélodramatique. Quant à M. Zucchini, il se tire habilement du personnage difficile de don Alfonso. Les deux sœurs Fiordiligi et Dorabella sont représentées par mesdames Frezzolini et Alboni, dont la belle voix de contralto semble s'appesantir. Il lui arrive quelquefois de ne pas chanter juste lorsqu'elle est obligée de soutenir des notes élevées où elle ne peut plus se maintenir sans efforts. Mme Frezzolini supplée par l'art et l'élégance de son style à la belle voix de soprano qu'elle n'a plus. Mlle Battu est gentille sous les différents costumes qu'elle est obligée de revêtir dans le rôle de la cameriste Despina.

L'opéra de *Cosi fan tutte*, qui a aujourd'hui soixante-douze ans de date, n'a pas eu à l'origine un succès égal à celui qu'ont obtenu les autres chefs-d'œuvre dramatiques du même maître, *l'Enlèvement au sérail*, les *Nozze di Figaro*, *Don Giovanni*, et *la Flûte enchantée*. Le *libretto*, qu'on a pris trop au sérieux, a toujours empêché que l'opéra de *Cosi fan tutte* restât longtemps au répertoire. Ce n'est qu'à la longue qu'on est parvenu à apprécier la musique de Mozart ce qu'elle vaut par elle-même, et qu'on a compris que ce grand peintre des délicatesses intimes de l'âme a transfiguré les personnages vulgaires du poëte italien, comme il avait transformé en poésie la prose spirituelle du *Mariage de Figaro*, de Beaumarchais. Oui, sans dédaigner la vérité des situations et la propriété des caractères dont il avait à s'occuper, Mozart, s'appuyant du bout de son aile d'ange sur la réalité humaine, s'est élancé dans les airs, et il a édifié, au-dessus de la baraque où s'agitent les *fantoccini* de da Ponte, une cité idéale qu'il a remplie de ses rêves d'or et de ses harmonies divines. Telle est la signification de *Cosi fan tutte*, un mélange exquis de réalité et d'idéal, de gaieté bénigne et de douce mélancolie, d'inspiration et de science profonde, enfin une sorte de vision de la vie heureuse exposée par un musicien de la race de Virgile et de Raphaël. Le public et la presse de Paris en général ont accueilli cet opéra presque inconnu de Mozart avec un véritable enthousiasme [1].

Après le brillant succès obtenu par la reprise de *Cosi fan tutte*, le Théâtre-Italien a produit une nouvelle cantatrice qui a débuté dans *la Sonnambula* le 19 du mois de novembre. Elle se nomme Mlle Adelina Patti et vient directement de Londres, où pendant la saison dernière elle a brillé d'un vif éclat au théâtre de Covent-Garden. Mlle Patti, dit-on, est née à Madrid, d'une famille d'artistes italiens, le 19 avril 1843, et n'aurait aujourd'hui que vingt ans à peine. Nous serions disposé à être plus généreux envers la jeune et sémillante virtuose, qui nous paraît avoir de vingt-deux à vingt-trois ans. Quoi qu'il en soit de ces vétilles d'acte de naissance, il est certain que Mlle Patti

---

1. Il est assez curieux de savoir qu'on a trouvé dans la bibliothèque d'un amateur de musique, à Mayence, une messe portant le nom de Mozart et dont tous les morceaux, excepté le *Credo*, étaient tirés de l'opéra *Cosi fan tutte*.

a appris la musique de très-bonne heure dans sa propre maison, et qu'à l'âge de quinze ans elle s'essaya sur un théâtre de New-York en chantant le rôle d'Amina dans *la Sonnambula*. Après avoir visité avec succès quelques villes importantes du Nouveau-Monde, elle fut engagée par M. Gye, directeur du théâtre de Covent-Garden. C'est à Londres que Mlle Patti s'est acquis en peu de temps la brillante réputation qui lui vaut l'honneur de chanter aujourd'hui à Paris. C'est une personne charmante que Mlle Patti dans sa petite taille aussi svelte que bien prise. Elle a une physionomie heureuse, où brillent l'intelligence et la vie plutôt que la beauté. Ses traits un peu accusés sont éclairés par deux beaux yeux pleins de curiosité, et le tout est couronné par une chevelure noire très-abondante. La voix de Mlle Patti est un soprano aigu dont l'étendue dépasse deux octaves, car elle peut aller de l'*ut* en bas jusqu'au *fa* supérieur. Cette voix, d'un timbre éclatant et un peu métallique, qui saisit l'oreille comme une lumière électrique frappe les yeux, est d'une souplesse merveilleuse, et la jeune cantatrice en fait tout ce qu'elle veut. Les doubles gammes diatoniques et chromatiques, les arpéges de toute nature, les notes piquées, les sauts périlleux, le trille surtout, qu'elle prépare bien et qu'elle fait scintiller longtemps comme un point lumineux dans une nuit obscure, tous ces artifices de la vocalisation sont réalisés par Mlle Patti avec le sourire sur les lèvres et sans le moindre effort. Elle chante avec feu, avec entrain, avec une ardeur juvénile qui saisit immédiatement l'auditeur et l'éblouit. Elle joue comme elle chante, avec audace et sans la moindre hésitation. Mlle Patti est toujours en scène, son visage parle toujours, et toujours il est empreint de la nuance de sentiment qu'elle doit éprouver. C'est une organisation rare que Mlle Patti, une nature d'artiste des plus vaillantes et des plus riches. On voit bien qu'elle est née sur le champ de bataille, et que, poussée par la nécessité, elle a été forcée de sauter à pieds joints par-dessus certaines études vocales qui manquent évidemment à son éducation.

La vocalisation de Mlle Patti, en effet, n'est pas régulière ; elle est dépourvue du moelleux et de cet empâtement que donnent à l'organe humain des exercices patiemment exécutés. On regrette aussi que le goût de cette brillante virtuose ne soit pas plus pur, et qu'elle cherche trop souvent à étonner la foule par des cabrioles qui affligent les vrais connaisseurs. S'imagine-t-elle, par exemple, que ces *slanci* qu'elle fait sur les notes les plus élevées de son échelle, que ces petits cris d'oiseau qu'elle fait entendre à la fin d'un morceau pathétique, soient bien agréables et d'une heureuse invention ? Ce sont là des surprises et des tours de force qui ne valent pas le chant simple d'une âme émue. Ce n'est pas par le style, par la tenue ni par l'émotion, que se recommande le talent de Mlle Patti ; mais elle est jeune, brillante, douée d'une voix magnifique et d'une vive intelligence, et cela suffit pour justifier l'éclatant succès qu'elle vient d'obtenir à Paris. Elle a chanté trois fois le rôle d'Amina dans *la Sonnambula* avec beaucoup d'éclat, et elle y a été assez bravement soutenue par M. Gardoni, chanteur habile, qui a pris feu aux beaux yeux de la jeune virtuose. Mlle Patti s'est produite ensuite dans la *Lucia* de Donizetti, où ses petites imperfections ont été plus remarquées, parce qu'elle n'a pas su donner à ce personnage de femme idéale la grâce et la haute élégance qu'il exige.

Tous les ans, M. Tamberlick arrive de Saint-Pétersbourg, où il a passé l'hiver, et, à peine débotté, il apparaît sur la scène du Théâtre-Italien, où il donne une série de représentations qui terminent brillamment la saison. C'est dans le *Poliuto* de Donizetti que Tamberlick a débuté cette année, et il y a eu de très-beaux élans, surtout dans l'*andante* du finale du premier acte et dans le duo passionné du second. Après *Poliuto*, M. Tamberlick a chanté le rôle d'*Otello* avec une nouvelle Desdémone qui n'était connue à Paris que de nom. Dans cette triste représentation du chef-d'œuvre de Rossini, qu'on a répétée depuis, il n'y a eu de remarquable que M. Tamberlick lui-même. J'abandonne à qui voudra la curiosité peu intéressante de l'*ut dièze* de M. Tamberlick; mais ce que j'admire dans ce chanteur vigoureux, c'est sa diction, son accent pathétique, et le style ample et soutenu qui caractérise sa manière. Parfois, M. Tamberlick rappelle Garcia, de vaillante mémoire, et c'est un grand mérite pour un chanteur moderne que de réveiller de pareils souvenirs.

Mme Charton-Demeur, que j'ai entendue pour la première fois, est une belle personne, qui a du talent et une très-belle voix de *mezzo soprano* fort étendue dans la partie supérieure de l'échelle. Elle dirige cette voix sonore avec habileté, et sa vocalisation manque moins de flexibilité que de fini et de délicatesse. Son goût laisse à désirer un peu plus de distinction, et sa sensibilité gagnerait à être plus contenue. On sent et on voit que Mme Charton-Demeur a vécu longtemps hors de Paris, et qu'elle n'a pas eu toujours un public difficile à contenter. Quoi qu'il en soit de nos remarques, Mme Charton-Demeur serait une bonne acquisition pour le Théâtre-Italien, si la virtuose consentait à se fixer à Paris. Intelligente comme elle paraît l'être, cette cantatrice distinguée ne tarderait pas à se corriger des légers défauts de goût et de mesure qui troublent l'harmonie de ses belles qualités.

En écoutant, à cette représentation, l'admirable partition d'*Otello*, si étrangement défigurée par les tristes chanteurs dont on avait entouré M. Tamberlick et Mme Charton-Demeur, je ne cessais de m'écrier en moi-même : « Que c'est beau ! que c'est pathétique et touchant ! quelle musique tout à la fois lumineuse et dramatique ! » Qui donc a pu proférer le blasphème que Rossini n'était pas un musicien sérieusement dramatique, qu'il se riait de la passion et des sentiments qu'il avait à exprimer? Quelle variété de morceaux, de beautés et d'accents on trouve dans cet opéra d'*Otello* ! L'introduction, le duo entre Iago et Rodrigo, qu'on ne chante plus au Théâtre-Italien; celui des deux femmes, qu'on ne chante pas davantage, et l'incomparable finale du premier acte; le duo de la jalousie, le trio qui suit, l'air de Desdémone avec le chœur des femmes, la scène merveilleuse et touchante où Desdémone jette ce cri sublime : *Se il padre m'abandonna!* — La romance du *Saule*, la prière de Desdémone, la cantilène divine que chante le gondolier, — *Nessun maggior dolore*, et toute la scène dernière entre Otello et Desdémone, où règne une si profonde terreur! C'est le génie dramatique de Shakspeare égalé par un musicien dont la puissante fantaisie ne se fatigue jamais. Jamais, depuis que l'opéra existe, on n'a vu un aussi grand phénomène que Rossini. C'est le génie le plus varié qui se soit produit dans la musique dramatique, et il n'y a pas dans l'histoire un autre exemple d'un homme qui a pu écrire tour à tour *Otello*, *Sémiramide*, *Moïse*, et *Guillaume Tell*, puis *il Barbiere di Siviglia*, *la Cenerentola*, *la Gazza ladra* et *le Comte Ory*. Où sont les vieux rapins de l'école romantique qui se moquaient de l'ouverture de *Guillaume Tell* ? Ils sont où vont les feuilles mortes.

IV

THÉATRE-LYRIQUE.

La Tête enchantée, opéra-comique en un acte. — Reprise de *Joseph*, de Méhul. — *La Chatte merveilleuse*, opéra-féerique en trois actes, paroles de MM. Dumanoir et Dennery, musique de M. Albert Grisar. — *La Fille d'Egypte*, opéra en deux actes, paroles de M. Jules Barbier, musique de M. Jules Beer. — *L'Oncle Traub*, opéra-comique en un acte. — *La Fleur du val Suzon*, opéra en un acte.—*Le Roi de Cocagne*, opéra-comique en deux actes, paroles de M. Desforges, musique de Mlle Pauline Thys. — Inauguration de la nouvelle salle de la place du Châtelet.

Le Théâtre-Lyrique, qui a eu de si beaux moments depuis qu'il existe, a été moins heureux pendant l'année qui nous occupe. Son plus grand effort, ainsi que son plus beau succès, a été *la Chatte merveilleuse*. Depuis, il a vécu de son vieux répertoire et de quelques petits ouvrages dont le plus saillant a été la *Fille d'Égypte* de M. Jules Beer. Dans le mois de janvier on a pu voir passer rapidement sur ce théâtre un petit opéra en un acte, la *Tête enchantée*, dont la musique était d'un M. Paillard et où l'on n'a remarqué qu'un joli quatuor. Mais le 21 janvier on a repris *Joseph*, de Méhul, qu'on n'avait pas représenté à Paris depuis une douzaine d'années. Cette belle partition, qui date de l'année 1807, est contemporaine de la *Vestale* de

Spontini, à qui Méhul disputa le prix décennal fondé par Napoléon. *Joseph*, la *Vestale* et *Médée*, de Chérubini, représentent noblement la musique dramatique du premier empire. *Joseph*, dont les paroles sont d'Alexandre Duval, est plutôt un *oratorio* qu'un drame proprement dit, car l'amour en est absent. C'est une pastorale biblique et, partant, un peu monotone, où le musicien s'est élevé à la hauteur de son sujet ; ce qui prouve une fois de plus, contre le dire de la plupart des compositeurs, qu'un grand artiste peut créer un chef-d'œuvre avec un mauvais *libretto*. Représenté pour la première fois au théâtre Favart, le 17 février 1807, *Joseph,* qui est certes une des meilleures partitions de Méhul, n'eut point d'abord tout le succès qu'elle méritait. L'Allemagne fut plus juste pour le chef-d'œuvre du compositeur français, parce que le ton religieux de cette musique convient mieux à l'esprit naïf et sérieux des compatriotes de Sébastien Bach et de Mendelssohn. La France, cependant, ne tarda pas à sentir tout le prix de cette œuvre remarquable, où l'on retrouve la tendresse élevée de son goût et de son génie national. Qui ne connaît l'air admirable que chante Joseph au commencement du premier acte,— *Champs paternels*, — la romance qui suit , — *A peine au sortir de l'enfance*,—la scène entre Siméon et ses frères, — le cantique sans accompagnement : — *Dieu d'Israël*, — la charmante romance de Benjamin : — *Ah ! lorsque la mort trop cruelle*,— d'un caractère naïf et pastoral, le trio entre Jacob,

Joseph et Benjamin? Ce sont là de nobles accents, des beautés vraies et touchantes, qui rappellent à la fois la manière de Gluck et celle de Sacchini dans son *OEdipe à Colonne*. Musicien de pratique plus que de doctrine, inférieur à Chérubini par l'élégance et la variété des formes, Méhul, qui avait un sentiment profond des situations dramatiques, a moins vieilli et est resté plus populaire et plus vivant que l'auteur des *Deux Journées* et de *Médée*, dont il a pourtant essayé d'imiter le style savant. En effet, toute la partition de *Joseph* accuse une préoccupation qui s'était emparée de Méhul, de vouloir faire de la science autrement qu'en obéissant à son instinct supérieur. Il y a surtout dans l'accompagnement de l'orchestre un dessin perpétuel tantôt des basses et tantôt des premiers violons, qui montent et qui descendent par voie diatonique, et dont il ne parvient pas à se dépêtrer. Aussi, lorsque Méhul tient une formule d'accompagnement, il ne la quitte plus jusqu'à la fin du morceau. C'est le même procédé que suit Spontini dans la *Vestale* et dans *Fernand Cortez*, ce qui dénote moins une habitude qu'un embarras de l'artiste. Ni Mozart, ni Rossini, les deux plus grands musiciens qui aient abordé le théâtre, ne se laissent ainsi enchaîner par une figure rhythmique, et leur style ondoyant et divers est aussi souple que la passion et la vie. Méhul n'appartient pas plus que Spontini à cette haute lignée de génies souverains; mais l'auteur de *Joseph*, de *Stratonice*, d'*Euphrosine et Coradin* est un maître de la scène lyrique, une gloire solide de la nation qui l'a produit.

Les principaux rôles du chef-d'œuvre de Méhul furent remplis dans l'origine par Elleviou, qui jouait Joseph, par Solié, qui représentait Jacob, et par Mme Gavaudan, qui chanta la partie de Benjamin. Au Théâtre-Lyrique, le personnage important de Joseph a été confié à un amateur qui, sous le pseudonyme de Giovanni, cache, dit-on, un homme du monde. M. Giovanni qui n'est plus dans l'âge des espérances et qui manque de savoir et d'habitude, n'avait pas une voix assez agréable pour lui pardonner d'avoir estropié un chef-d'œuvre. M. Petit s'est fait justement applaudir dans le personnage de Jacob, ainsi que Mlle Faivre dans celui de Benjamin. A tout prendre, l'exécution de *Joseph* a été supportable.

C'est le 17 mars que la *Chatte merveilleuse*, opéra féerique en trois actes, a été représentée au Théâtre Lyrique. Les paroles sont de MM. Dumanoir et Dennery. Bien que le titre de *Chatte merveilleuse* puisse faire illusion à l'esprit du lecteur, en le portant à croire qu'il s'agit ici de la fable de La Fontaine, il faut dire qu'il n'en est rien. Un père laisse en mourant à ses trois fils trois objets qu'ils doivent se partager : un âne, un moulin et une chatte qui était fort aimée du vieillard. Urbain, le plus jeune et le plus désintéressé des trois héritiers, choisit la chatte, par affection et par respect pour la mémoire de son père, cette chatte, qui se nomme Féline, on le pense bien, est une jolie femme qui, protégée par la bonne fée, échappe à tous les maléfices de l'ogre et finit par épouser son maître Urbain, dont elle fait le bonheur. Ce conte bleu traverse un pays de chimères où les rois, les princesses, les danses et les forêts enchantées éblouissent et charment, paraît-il, les yeux du public. La musique de cet *imbroglio* oriental est de M. Grisar, compositeur facile, ingénieux et original, dans une certaine mesure, et qui réussit surtout dans les petits cadres qui ne l'obligent pas à forcer les sons de sa musette. Dès le premier morceau de la *Chatte merveilleuse*, qui n'a pas d'ouverture, on trouve dans le chœur que chantent les villageois la formule mélodique et harmonique qui règne, presque, dans les trois actes de la partition. Ni la romance que chante Urbain, — *O pauvre chatte!*—ni le duo pour ténor et soprano entre Féline et Urbain ne sont choses bien nouvelles, et je ne puis citer dans le premier acte qu'un trio en style syllabique, dont le type est connu depuis longtemps. A l'acte suivant, qui est le plus long et le plus fourni, on trouve un très-joli chœur que chantent des moissonneurs, les couplets d'Urbain, — *Un bon vieux roi*, — une espèce de duetto entre Féline et Urbain, et l'air de bravoure de Féline avec accompagnement du chœur, où Mme Cabel prodigue toutes les fleurs artificielles de son gosier, qui est encore solide. Je préfère à tout cela le joli chœur qu'on chante pendant que, par un coup de baguette magique, on voit défiler au fond du théâtre les riches domaines du marquis de Carabas. A mon avis, le morceau le plus original de l'ouvrage est la ronde en duo que chantent, au troisième acte, la fée aux perles et l'ogre déguisés en paysans, —*Jeune fille qui viens des champs*;— ce petit rhythme d'un accent agreste est bien dans la manière de M. Grisar, et je le préfère à la romance d'un style ambitieux, — *Tout l'éclat qui m'environne*. — Tout bien considéré, la *Chatte merveilleuse* est un ouvrage agréable, un peu toujours le même, qui se diversifie en chœurs, tous fort jolis, en romances, en duos, en couplets et qui a mérité le succès assez fructueux qu'il a obtenu, grâce au prestige de Mme Cabel qui reste toujours la cantatrice aimée du faubourg du Temple. La *Chatte merveilleuse* a eu un très-grand nombre de représentations, et quelques théâtres de province l'ont fait entendre avec fruit. La partition a été publiée par l'éditeur M. Colombier.

Quelques jours après la *Chatte merveilleuse*, le Théâtre-Lyrique a donné le 25 avril un opéra en deux actes, la *Fille d'Égypte*, premier ouvrage d'un compositeur qui porte un nom illustre, M. Jules Beer, le propre neveu du grand musicien qui a fait *Robert le Diable* et les *Huguenots*. Ce début d'un dilettante de distinction a été très-remarquable. Bien que M. Jules Barbier, l'auteur des paroles, ait emprunté la donnée de son *libretto* au conte charmant et si connu de M. Prosper Mérimée, *Carmen*, l'auteur de la *Fille d'Égypte* a vite pris une autre voie, et sa bohémienne Zemphira ne ressemble guère à « cette beauté étrange et sauvage qui étonnait d'abord, mais qu'on ne pouvait oublier. » Pauvre fille abandonnée sur les grands chemins, elle est recueillie par un contrebandier nommé Spada, dont elle devient la maîtresse, et qu'elle domine par la force et l'étrangeté de son caractère. Zemphira cependant s'éprend d'un bel amour pour un jeune Andalou, Pablo, qu'elle attire dans son désert et qu'elle enivre pendant quinze jours de ses regards et de ses âcres baisers. Pablo se sauve de ce jardin d'Armide, et vient raconter l'étrange aventure à sa fiancée Mariquita, qu'il aime et qu'il va épouser. Il se noue alors entre ces deux femmes, Mariquita et Zemphira, une lutte de passion pour cet imbécile de Pablo, dont les péripéties forment le tissu de la pièce. Mêlez à cette donnée de contrebandiers toujours pourchassés par les douaniers de la province la jalousie et l'amour de Spada pour Zemphira, qu'elle conduit par le nez, lui et sa bande, et l'on a le sens d'une fable absurde et sans intérêt, où l'on trouve cependant quelques situations qui ont été comprises par le compositeur.

Dès l'ouverture de la *Fille d'Égypte*, on sent la main d'un musicien.

Après quelques mesures d'un mouvement rapide, une phrase assez élégante est confiée aux violoncelles, soutenus par les harpes. Reprise par les premiers violons, la phrase est menée à bonne fin, et le tout se termine par une péroraison brillante. L'introduction se compose d'un chœur de douaniers très-bien rhythmé, des couplets que chante Zemphira, qui n'a pu résister au désir de poursuivre Pablo jusque dans son village, et de la *stretta* de ce même chœur, qui accompagne le chant de la zingara. Tout cela est piquant et bien dessiné. Le récit de Pablo, qui raconte à sa fiancée Mariquita son entrevue avec la bohémienne, dont il ne peut oublier les traits, est une sorte de déclamation largement dessinée et pleine de sentiment. Le passage surtout où il dépeint l'apparition de cette femme étrange est d'un style élevé et d'une grande allure. Les couplets de la bonne aventure, — *Je vous dirai, ma chère,* — que chante Zemphira en tenant la main de Mariquita, ces couplets sont charmants, surtout la conclusion en trio. La romance que chante ensuite la bohémienne en rappelant le souvenir de sa mère — *Elle joignait nos mains* — est touchante.

Les couplets de Spada sont aussi remarquables, ainsi que le trio pour soprano, ténor et basse, entre Zemphira, Spada et Pablo, qui se menacent. J'ai surtout remarqué la phrase à l'unisson que disent les deux rivaux. Cependant, le chef-d'œuvre de ce premier acte, qui est si rempli de morceaux distingués, c'est le boléro que chante Zemphira à travers les barreaux de la prison du village où elle a été renfermée par l'ordre de l'alcade Conconas. Chaque couplet de cette mélodie originale, que la Zemphira chante en s'accompagnant elle-même avec une guitare qu'elle a trouvée dans la prison, est ramené par un refrain délicieux. C'est un petit chef-d'œuvre que ce boléro, qui mériterait de devenir populaire. Au second acte, dont la scène se passe dans la retraite sauvage des contrebandiers, on a remarqué la chanson de la bohémienne avec l'accompagnement du chœur, qui frappe sur chaque temps fort un accord harmonieux : c'est d'un effet ravissant. Vient ensuite un quatuor dont le passage sans accompagnement est curieusement modulé ; mais le morceau le plus réussi du second acte, et peut-être de tout l'ouvrage, c'est la scène longue, variée d'incidents, et passionnée, entre les deux femmes, Mariquita et Zemphira, qui se disputent la possession de Pablo. Il y a dans cette scène vigoureuse et vraiment dramatique la marque indélébile d'un digne neveu de Meyerbeer. On peut signaler cette scène à tous les musiciens, ainsi que le duo pour soprano et basse qui vient ensuite entre Zemphira et Spada que la bohémienne finit par adoucir.

Mademoiselle Girard a chanté et joué avec un véritable talent le rôle très-fatigant de Zemphira. C'est une artiste d'un mérite incontestable, qui a été fort mal secondée par mademoiselle Faivre qui représente Mariquita. M. Balanqué est un comédien intelligent qui a tiré un bon parti du personnage de Spada, tandis que M. Peschard, qui a une assez jolie voix de ténor, n'a pu animer le triste personnage de Pablo.

La Fille d'Égypte, qui n'a eu qu'un petit nombre de représentations, méritait un meilleur sort ; mais il n'est pas moins vrai que cet opéra en deux actes, d'un style si varié et si ferme, est l'œuvre d'un musicien de bonne race, qui pourrait un jour devenir un grand compositeur dramatique.

Deux petits opéras en un acte, *l'Oncle Traub*, paroles de MM. Zaccone et Valois, musique de M. de Lavault, et puis la *Fleur du val Suzon*, paroles de M. Turpin et musique de M. G. Douay, ont été donnés aussi dans le courant du mois d'avril. La musique de la *Fleur du val Suzon* a paru agréable et facile. On a remarqué dans cette petite partition l'ouverture d'abord, qui rappelle la manière de M. Auber, une romance pour voix des femmes, un duo, des couplets et un quatuor lestement conduit. Le 25 mai, le Théâtre-Lyrique, qui n'a pu avoir de toute l'année que le succès modéré de *la Chatte merveilleuse*, a donné la première représentation d'un opéra en deux actes, *le Roi de Cocagne*, dont la scène se passe dans le monde sublunaire où l'on vit sans crainte, sans travail et sans soucis. On y mourrait d'ennui, s'il n'arrivait trois voyageurs portugais, Gilles, Léandre et Colombine, qui brouillent un peu les cartes et finissent par donner au roi le désir d'épouser Violette, un cœur d'ange qu'il méconnaissait. Ce conte peu drôlatique de M. Desforges a été mis en couplets par une muse de la chansonnette, mademoiselle Pauline Thys, qui a longtemps porté la houlette de la romance gauloise de mademoiselle Loïsa Puget. Fille de l'artiste de ce nom qui a chanté l'*Oiseau bleu*, et bien d'autres jolis ramages, mademoiselle Pauline Thys a fait preuve de talent dans les deux actes du *Roi de Cocagne*. On y a remarqué au premier acte un chœur, une jolie romance pour voix de baryton que M. Lefort a chantée avec goût, un quatuor assez gai, surtout la *stretta* et le morceau d'ensemble qui sert de finale. A l'acte suivant on a pu louer encore un trio vif et spirituellement intrigué. On ne pouvait pas exiger davantage de la part d'une femme jeune dont la musique accorte et légère file et s'écoule promptement. Mademoiselle Baretti dans le rôle de Violette et M. Lefort dans celui du roi de Cocagne n'ont mécontenté personne et tout s'est bien passé.

Le Théâtre-Lyrique, dont on vient de raconter l'histoire, a subi, à la fin de l'année, deux grands changements : il a changé de directeur et de salle. C'est M. Carvalho qui a remplacé M. Réty, et c'est dans la nouvelle salle que la ville de Paris a fait construire sur la place du Châtelet que M. Carvalho a inauguré son nouveau et second règne, le 30 octobre. C'est par un grand concert que la saison s'est ouverte. La nouvelle salle est belle, grande, richement ornée, commode, assez sonore et d'un aspect riant. Elle est éclairée par le plafond, et la lumière, traversant un milieu opaque, tombe directement et projette une clarté vive, qu'on peut accroître ou diminuer à volonté. Le public a paru satisfait de cette innovation et la soirée a été brillante. Souhaitons maintenant qu'un théâtre aussi utile à l'art soit plus heureux sous la nouvelle direction de M. Carvalho qu'il ne l'a été sous le gouvernement débile de M. Réty.

V

LES CONCERTS.

La société des Concerts. — *Les concerts populaires de musique classique*, dirigés par M. Pasdeloup. — Sociétés de quatuors de MM. Alard et Franchomme ; — de MM. Maurin et Chevillard ; — de MM. Armingaud et Léon Jacquard. — Mme Schumann. — M. Auguste Dupont. — M. Alexandre Billet. — M. Saint-Saëns. — M. Sivori. — M. Thalberg.

On a beau médire de Paris, de cette ville frivole où les opinions paraissent si mobiles, et les réputations si éphémères ; on tient et on tiendra longtemps à mériter les suffrages de ces nouveaux Athéniens, dont les jugements sont acceptés de toute l'Europe. Depuis bien des siècles, la capitale de la France exerce sur le monde civilisé une prépondérance dont on n'a pu toujours expliquer la cause. Il est bien connu, ce passage de Brunetto Latini, où le maître de Dante avoue que, s'il publie son livre *il Tesoretto* en français, c'est parce que *la parlure en est plus délectable et plus commune à toutes gens*. Si cela était vrai en 1260, il est incontestable qu'en 1862 la presse et la critique françaises dirigent bien souvent, comme autrefois, le goût de l'Europe. Aussi les artistes et les maîtres en tout genre qui vont en Angleterre pour gagner de l'argent s'empressent-ils de venir demander au public de Paris la sanction d'une renommée qu'ils ont acquise ailleurs. Ce n'est point pour s'enrichir assurément que des virtuoses comme Mme Clara Schumann, comme MM. Sivori et Thalberg, donnent à Paris des concerts plus brillants que fructueux. La vérité est que tout ce qui touche à l'art de bien dire et de charmer les hommes aspire à vivre, au moins une semaine, dans l'estime d'une nation qui semble avoir reçu la mission de classer les œuvres de l'esprit humain.

Après une séance extraordinaire donnée le 22 décembre au profit de la souscription pour élever un monument à Chérubini, la Société des Concerts a inauguré la trente-cinquième année de son existence le 22 janvier. C'est encore à Chérubini qu'elle a voulu rendre hommage en exécutant d'abord l'ouverture d'un de ses opéras, *Anacréon*. Malheureusement, ce morceau symphonique ne paraît pas mériter la réputation dont il a si longtemps joui. Les développements du thème principal sont excessifs, et ce thème, peu saillant, revient aussi trop souvent. Un chœur d'un opéra de circonstance, *Pharamond*, de Boïeldieu, a suivi l'ouverture, après quoi on a exécuté la symphonie en *la* de Beethoven, une merveille du génie musical. Le 26 janvier, l'orchestre de la Société rendait avec une rare perfection la vingt-cinquième symphonie d'Haydn, dont le finale est une page exquise de gaieté et de bonhomie allemande. Un *O salu-*

taris en chœur; de Chérubini, a été chanté après et n'a point révélé que ce maître ait eu jamais le vrai sentiment religieux. Le concerto en *sol* pour piano et grand orchestre, de Beethoven, cette admirable page dont l'*andante* seul est une inspiration étonnante, a été rendu avec un grand talent par M. Théodore Ritter. M. Ritter est jeune et possède déjà un vrai sentiment de l'art, surtout lorsqu'il est aux prises avec la musique de Beethoven, qui convient à son exécution vigoureuse. Cette magnifique composition est le quatrième concerto pour piano et orchestre qu'ait écrit Beethoven : elle date de l'année 1808. — Après le finale d'*Euryanthe* de Weber, d'un si bel élan chevaleresque, on a entendu l'ouverture de *Ruy-Blas* de Mendelssohn, où il y a plus de vigueur que d'originalité. Le quatrième concert a été marqué par l'exécution d'un très-beau motet en double chœur de Sébastien Bach, que la Société a déjà produit plusieurs fois sur ses programmes. *Les Chants du rossignol*, solo de flûte composé et exécuté par M. Henri Altès, n'a pas d'autre mérite que d'offrir au virtuose l'occasion de faire briller son talent d'exécution. Il serait à désirer cependant que les virtuoses que la Société des Concerts présente à son public exécutassent quelque chose de plus sérieux que des variations accompagnées d'accords parfaits. *Les Ruines d'Athènes* de Beethoven, qui ont succédé aux froids roucoulements de la flûte de M. Altès, sont une des compositions les plus originales du maître.

Le cinquième concert a été l'un des plus brillants de l'année. On a exécuté la symphonie en *si bémol* de Beethoven, la pastorale du *Messie* de Hændel, sorte d'ouverture dans le style fugué d'un caractère biblique et tout primitif, précédée d'un très-beau chœur du même oratorio. L'exécution, de la part des chanteurs, a été, comme toujours, misérable. Après un psaume en double chœur de Mendelssohn, d'un beau sentiment religieux, on a terminé la fête par la symphonie en *sol mineur* de Mozart. Elle a été exécutée avec un fini parfait, cette symphonie dont le *menuet* et le *finale* sont des morceaux d'une grâce adorable. Ce qu'il y a eu de plus saillant au sixième concert, c'est la cinquante et unième symphonie d'Haydn, dont l'*andante* est un morceau ravissant de jeunesse et de bonhomie divine. La *scène et bénédiction des drapeaux* du *Siége de Corinthe*, de Rossini, est une page grandiose de musique dramatique, mais la Société des Concerts en abuse; c'est de la musique de théâtre s'il en fut jamais, et qui ne peut que perdre à être exécutée dans une petite salle sans le commentaire de l'action. Le concerto en *ré majeur* de Beethoven, pour violon et accompagnement d'orchestre, répond mieux aux exigences d'une institution consacrée principalement à la musique symphonique. Cette grande et belle composition, d'une difficulté énorme, fut exécutée pour la première fois à Vienne, en 1806 et 1807, par le chef d'orchestre François Clément. Le style de M. Maurin, chargé de l'exécuter à Paris, n'est peut-être pas assez large ni assez vigoureux pour rendre tous les effets de ce concerto, qui a les proportions d'une symphonie, et que le violoniste allemand Joachim, qui brille à la cour de Hanovre, exécute, dit-on, d'une manière admirable. Après les deux concerts spirituels qui ont eu lieu le vendredi saint et le dimanche de Pâques, la Société a donné le 27 avril son huitième et dernier concert, où l'on a exécuté la symphonie pastorale, qu'on n'avait pas entendue de l'année. Ce vaste et harmonieux poëme de la nature, où la musique pittoresque a atteint sa perfection idéale, a été interprété par l'orchestre du Conservatoire avec une perfection qu'aucun orchestre du monde ne pourrait égaler. Une charmante et délicieuse fantaisie de Beethoven pour piano, orchestre et chant, a produit sur le public du Conservatoire un effet d'enchantement. C'est M. Saint-Saëns qui a exécuté la partie de piano avec plus de fermeté et de précision que de délicatesse. M. Saint-Saëns a le son sec et l'allure prétentieuse. M. Stockhausen, un chanteur comme il y en a peu, a dit ensuite avec sa belle voix de basse un air de *Jules-César*, opéra de Hændel, où il a fait admirer son goût, sa méthode, et la souplesse de son organe.

Comme on vient de le voir, l'année a été bonne pour la Société des Concerts, qui a soutenu dignement le haut rang qu'elle occupe dans l'opinion de l'Europe; il est cependant à désirer que ses programmes s'enrichissent d'œuvres nouvelles et qu'elle soit moins timorée vis-à-vis de l'inconnu. Il appartient à la Société des Concerts, dont les belles séances ont fait l'éducation musicale d'une minorité distinguée du public français, de ne point se laisser dépasser par l'initiative hardie des enfants qu'elle a élevés et qu'elle a produits. Le comité qui a la mission de former le répertoire de la Société des Concerts n'a pas toujours un goût bien sévère, et il fait souvent trop de concessions à la banalité et au succès facile. Ni le chœur de *Pharamond* de Boïeldieu, qu'on a chanté deux fois cette année, ni le solo de flûte de M. Altès, ni le petit chœur de *Castor et Pollux* de Rameau, pas plus que le chœur à la Palestrina de Leisring, ne sont des choses qui méritent de figurer aussi souvent sur les programmes de la Société. Le chant est toujours misérable, et il semble vraiment que ces messieurs du comité choisissent exprès les virtuoses et les voix les plus médiocres pour faire mieux ressortir la perfection de l'orchestre. Cela n'est pas nécessaire; mais ce qui est urgent pour la Société des Concerts, qui est à la tête des institutions musicales de la France, c'est de ne pas rester immobile, d'être plus hospitalière aux talents étrangers et aux œuvres des maîtres qu'elle n'a pas encore abordés.

J'ai déjà parlé de l'idée heureuse de M. Pasdeloup et des *Concerts populaires de musique classique* qu'il a fondés au cirque Napoléon, dans un quartier assez éloigné du Paris élégant. Inaugurées le dimanche 27 octobre 1861, ces belles fêtes se sont prolongées sans interruption jusqu'à la semaine sainte. Un public compacte et divers de quatre mille personnes est accouru chaque dimanche dans cette grande salle circulaire, qui n'avait point été destinée à un si noble usage. C'est là qu'un orchestre de cent musiciens groupés sur une grande estrade et dirigés par un homme intelligent a fait entendre les chefs-d'œuvre d'Haydn, de Mozart, de Beethoven, de Weber et de Mendelssohn. On pouvait craindre qu'une tentative aussi hardie n'échouât, et que l'éducation musicale de la population parisienne ne fût pas encore assez avancée pour apprécier une manifestation de l'art si étrangère à son goût presque exclusif pour la musique de chant et la forme dramatique. L'événement a prouvé que M. Pasdeloup a été bien inspiré, et qu'il appartient toujours aux hommes d'initiative de deviner les besoins du public et d'oser y répondre. Les programmes des *Concerts populaires de musique classique* ont été en général assez bien composés, et, sauf un ou deux morceaux que M. Pasdeloup n'aurait pas dû admettre, il n'a fait entendre que des œuvres consacrées par le temps et l'admiration des connaisseurs.

On a pu remarquer que ce public, un peu naïf encore vis-à-vis des formes développées de la musique instrumentale, a été plus vivement touché par la clarté et la douce sérénité d'Haydn, par la tendresse exquise de Mozart, que par la profondeur épique de Beethoven, et surtout par la tristesse monotone de

Mendelssohn. L'éclat, la verve et l'élan chevaleresque de Weber ont produit immédiatement leur effet infaillible, tant il est vrai de dire que les génies sincères qui ne cherchent dans l'art qu'ils exercent que la beauté servant d'enveloppe à la vérité des sentiments, qui ne demandent à la langue que les effets qui lui sont propres, sont facilement compris de tous les hommes, quel que soit leur degré d'éducation esthétique.

Nous ne pouvons parler de chacun des brillants concerts qui ont été donnés sous la direction de M. Pasdeloup. Quelques observations sur les séances les plus importantes suffiront pour donner une idée de l'effet produit par les compositions des différents maîtres. Par exemple, le programme de la treizième séance contenait d'abord l'ouverture de la *Médée* de Chérubini, préface symphonique qui a joui d'une très-grande réputation, et qui semble avoir beaucoup pâli à côté des belles ouvertures des opéras modernes. Des fragments d'une symphonie en *mi bémol* de Robert Schumann, qu'on a exécutés ensuite, nous ont raffermi dans l'opinion où nous sommes que ce compositeur, d'un génie si pénible, ne mérite pas la réputation qu'on lui a faite en Allemagne. Pauvre d'idées, Schumann prolonge indéfiniment le premier motif qu'il rencontre et vous accable de sa rêverie inféconde. L'auditoire a laissé passer sans rien dire les tristes imaginations de Robert Schumann, et la séance s'est terminée par l'ouverture solennelle des

Ries, morceau un peu trop pompeux et trop rempli de petites fanfares militaires.

Encouragé par l'ardeur empressée de son public, M. Pasdeloup a osé faire exécuter dans deux séances, le 6 et le 13 avril, une œuvre bien sévère de Mendelssohn, *Élie,* oratorio divisé en deux parties et composé de quarante-trois morceaux. M. Pasdeloup a été pourtant assez discret pour ne produire devant une si nombreuse réunion de Français, nés malins, que la première partie de cette noble composition, où il n'y a pas le plus petit mot pour rire, et dans laquelle on ne trouve même pas l'expression de l'amour le plus chaste. On sait que l'oratorio est une sorte de drame biblique dont l'origine remonte au xvie siècle. C'est à saint Philippe de Néri, qui a fondé à Rome, en 1564, la congrégation de l'Oratoire, qu'on attribue la création de cette forme de l'art, qui, comme toutes les choses que les hommes ont inventées, doit son origine à un besoin de la vie. Contemporain et ami de Palestrina, saint Philippe de Néri voulut que la musique fût une pieuse et aimable distraction de ses disciples, et il s'ingénia à puiser dans les livres saints une action très-simple, entremêlée de récitatifs et de cantiques. C'est ainsi qu'est née la première idée de l'oratorio, qui n'était après tout qu'une imitation et un développement du drame liturgique de l'Église. Tous les grands compositeurs italiens ont écrit des oratorios qui se sont perpétués jusqu'à la fin du xviiie siècle. Le *Stabat* de Pergolèse, les psaumes de Marcello, et de nos jours le *Stabat* de Rossini, ne sont, à vrai dire, que des oratorios. Haydn, Mozart, Beethoven, Spohr, et avant eux Sébastien Bach et surtout Hændel ont écrit des oratorios qui sont des œuvres admirables que le public français connaît fort peu. La *Passion d'après saint Mathieu*, de Sébastien Bach, est peut-être la composition la plus vaste et la plus compliquée qui existe en musique. Mendelssohn, qui est né à Berlin et qui a été bercé avec la musique de Bach et dans la tradition de son école, a fait deux oratorios, *Paulus* et *Élie*, qui sont connus et très-admirés en Allemagne et en Angleterre, où on les exécute presque tous les ans avec une grande masse de musiciens.

Je n'ai pas besoin d'apprendre au lecteur qu'Élie est un grand personnage de l'Ancien Testament, dont il est longuement question dans le premier livre des Rois. Ce fut un prophète, un de ces tribuns sacrés qui, au nom de la loi de Moïse, au nom du Dieu d'Israël et de la nationalité, venaient s'opposer à l'ambition, à la tyrannie des rois. Les personnages principaux dans le cadre que s'est tracé Mendelssohn sont Élie, la veuve, Abdias, les anges, puis le peuple et les prêtres. La partie d'Élie est écrite pour une voix de basse, celle de la veuve pour une voix de soprano, Abdias est un ténor, et les anges qui apparaissent se partagent les trois registres de la voix de femme.

L'œuvre commence par une courte invocation du prophète Élie, menaçant le peuple de la colère de Dieu. Une introduction symphonique écrite dans le

style fugué, et dont l'instrumentation un peu sourde ne présente rien de remarquable, va s'enchaîner immédiatement avec le chœur que chante le peuple réuni : — *Dieu d'Israël, vois la souffrance.* — Ce chœur, écrit dans le même ton que l'introduction symphonique et très-dialogué, repose sur une harmonie un peu trop modulante pour des masses chorales. Le duo qui suit, —*Sion lève les mains vers toi,*—pour deux voix de soprano, avec accompagnement de chœur, est simple, gracieux, empreint d'une couleur archaïque qui rappelle les vieux maîtres allemands. L'air pour voix de ténor que chante Abdias, — *Dieu se donne au cœur sincère,* — est bien, et la mélodie, enfermée dans une octave de *sol mineur*, exprime un sentiment doux et un peu mystique. Il est bon de faire observer que dans cet air, comme dans plusieurs autres morceaux de l'ouvrage, Mendelssohn affecte d'écarter certaines notes caractéristiques pour éviter la banalité d'une chute trop accusée, et pour maintenir sa phrase dans un vague un peu monotone qu'il ne faut pas confondre avec l'accent religieux. Le chœur du peuple qui répond à Abdias, — *Dieu reste sourd à nos cris,* — est vigoureusement dessiné, surtout à partir du *crescendo* qui module dans le ton d'*ut majeur*. On n'a pas exécuté, aux deux séances de M. Pasdeloup, le double quatuor des anges, morceau un peu long, mais qui doit produire de l'effet lorsqu'il est chanté par de bonnes voix fraîches et naturelles. J'avoue que j'apprécie médiocrement la scène où la veuve implore la

6.

pitié d'Élie pour son fils malade, et j'en dis autant de celle qui suit entre le prophète et la veuve. Tout cela est écrit dans une forme indécise qui n'est ni du récitatif proprement dit, ni de la mélodie cursive. C'est dans ces pages de vague mélopée, qui se rencontrent si souvent dans les œuvres de Mendelssohn, qu'un grand nombre de jeunes compositeurs modernes, particulièrement M. Gounod, sont allés prendre les éléments de ce style terne et travaillé dont ils ont affublé leur pensée. J'aime bien mieux le chœur, — *Heureux qui toujours l'aime et toujours le prie*, — qui est simple et d'une expression douce et résignée ; seulement ce chœur est accompagné par un dessin persistant des instruments à cordes, formule dont l'auteur abuse dans cette œuvre remarquable, où l'on sent une forte imitation de Sébastien Bach. La scène, très-dramatique et très-incidentée, entre Élie et les prêtres de Baal, qui se disputent sur la prééminence du Dieu qu'ils servent, renferme de beaux élans et des chœurs vigoureux, surtout celui en *fa majeur*, — *O puissant Baal!* — dont l'*allegro*, à trois temps, est plein de mouvement. Ici encore, il y a lieu de remarquer la persistance de cette formule d'accompagnement dont nous avons parlé plus haut, et qui enveloppe les voix depuis le commencement jusqu'à la fin du chœur. Le second chœur en *la majeur*, où les prêtres de Baal invoquent la puissance de leur Dieu, est plus vigoureux et plus accentué que celui qui précède. L'air pour voix de basse, — *Dieu parle, tremble!* —

dans lequel le prophète menace le peuple indocile, est vigoureux et rappelle fortement le style de Hændel. Je préfère l'*arioso* que chante l'ange, — *Maudit soit l'infidèle!* — mélodie gracieuse et touchante que madame Viardot a déclamée avec la distinction de style qui lui est propre. Après une longue scène entre Abdias, Élie, son disciple et le peuple, la première partie de l'oratorio se termine par un beau chœur,— *Gloire au Seigneur!*

Dans l'œuvre remarquable que nous venons d'analyser, le compositeur n'a su éviter ni les défauts qui sont inhérents au sujet qu'il avait à traiter, ni les imperfections de son propre talent. Mendelssohn n'est qu'un compositeur de second ordre parmi les grands maîtres de son pays. Il manque en général de spontanéité, et il ne possède que du sentiment et de l'imagination. Ses idées ne sont ni très-nombreuses, ni très-accusées. Qu'il compose des symphonies, des quatuors, des scènes dramatiques, des concertos et des sonates, Mendelssohn a toujours le travail pénible. Il prélude longtemps, il cherche, et ne vous cache pas que l'art est difficile, que la nature ne l'a pas doué de l'une de ces organisations puissantes et généreuses qui n'ont qu'à secouer leurs ailes pour s'élancer dans les cieux. Mendelssohn, plein de foi dans l'art qui a illustré son nom, fut un esprit cultivé, une organisation délicate, un caractère soucieux, une nature maladive, qui a traversé la vie avec effort, en laissant après elle une œuvre considérable où manquent la grandeur et la sérénité divine des grands maîtres.

Soit que les voix ne fussent pas assez nombreuses ou que les choristes des deux sexes fussent mal distribués dans cette grande salle du cirque Napoléon, il est de fait que l'exécution d'*Élie* a laissé beaucoup à désirer. Les nuances si nécessaires dans une pareille composition ont été peu observées, et l'orchestre lui-même a manqué de vigueur. Les *soli* ont été bien rendus par madame Viardot, par M. Cazeaux et par M. Michot, de l'Opéra, dont la charmante voix de ténor a fait merveille dans le bel air d'Abdias.

La fondation des *Concerts populaires de musique classique* est un événement qui fait le plus grand honneur à l'activité intelligente de M. Pasdeloup. On a pu voir un public de quatre mille auditeurs écouter avec onction, avec piété et enthousiasme les chefs-d'œuvre de la musique instrumentale. Ce beau spectacle a frappé tous les bons esprits, tous ceux qui sont dignes de comprendre les merveilles d'un art puissant, sociable surtout, et éminemment civilisateur[1].

A côté de la Société des Concerts et des Concerts populaires de musique classique se placent les diffé-

---

1. Je n'ai pas été peu surpris de lire, dans un travail de M. de Laprade, ces lignes tout à fait curieuses : « Qu'on le sache bien, dit-il, aujourd'hui que la musique a saisi la prédominance, cet art est dans son essence le plus sensuel, le plus envahissant et le plus dangereux de tous les arts... C'est un art *antihéroïque* et *antisocial !...* » C'est dans le *Correspondant* que M. de Laprade a publié ces observations d'un si grand sens et d'une vérité si frappante.

rentes sociétés de quatuors dont la première et la plus ancienne est celle de MM. Alard et Franchomme. C'est dans les salons de la maison Pleyel que ces artistes d'élite se réunissent tous les quinze jours pour exécuter avec une rare perfection les chefs-d'œuvre de la musique de chambre. Les séances de MM. Alard et Franchomme sont la miniature des concerts du Conservatoire. On y trouve le même fini et la même réserve dans le choix des morceaux qu'ils admettent sur leur programme. Les séances de MM. Maurin et Chevillard, particulièrement consacrées à la musique de Beethoven, soutiennent leur bonne renommée et continuent à intéresser vivement les amateurs. On doit bien de la reconnaissance à ces braves et vaillants artistes, MM. Maurin et Chevillard, qui, depuis douze ans, ont consacré leurs efforts à rendre intelligibles les beautés profondes, mais ardues, des dernières compositions de Beethoven.

La société de quatuor de MM. Armingaud et Léon Jacquard, plus exclusivement consacrée à l'exécution de la musique de Mendelssohn et même à celle de Robert Schumann, continue à réunir dans les salons de la maison Pleyel un grand nombre d'amateurs distingués. Cette société, où brille M. Ernest Lubeck, pianiste d'un talent vigoureux, se fait remarquer par la variété de ses programmes et une exécution chaleureuse. M. Charles Lamoureux a donné aussi dans les salons de Pleyel quelques séances de quatuor qui n'ont pas manqué d'intérêt. Il serait souverainement injuste de ne pas mentionner les séances de musique de chambre que donne depuis quatorze ans madame Amédée Tardieu, plus connue sous le nom de Charlotte de Malleville, musicienne très-distinguée, pianiste au jeu facile et délicat.

Il est arrivé à Paris, cette année, madame Clara Schumann, artiste éminente, et femme du compositeur allemand qui est mort, le 29 juillet 1854, dans une maison d'aliénés près de Dusseldorf. Madame Clara Schumann, dont le talent de pianiste est très-goûté en Allemagne et en Angleterre, a donné quatre concerts dans les salons brillants de la maison Érard. Elle a été aussi admise à jouer un concerto de Beethoven à l'une des séances de la Société du Conservatoire.

J'ai assisté à toutes les soirées de madame Schumann, et je l'ai écoutée avec la déférence que méritait sa réputation, mais que n'imposait pas la musique de son mari, que je connais de reste. Au second concert, qui a eu lieu le 27 mars, madame Schumann a exécuté avec M. Armingaud une sonate, pour piano et violon, de la composition de Robert Schumann, œuvre pénible, d'une longueur démesurée. On ne peut y louer qu'un *andante* assez gracieux ; mais tout le reste du morceau est d'une obscurité de conception qui ne mérite pas d'être éclaircie. Madame Schumann a été plus heureuse en exécutant avec une vigueur singulière la belle sonate en *ut majeur* de Beethoven. Dans cette musique profonde, le talent de la virtuose a été presque à la hauteur de l'inspiration du maître. Madame Schumann a clos la séance par une composition des plus étranges de son mari, intitulée le *Carnaval*. C'est une sorte de petite épopée humoristique, dans le genre d'Hoffmann ou de Jean-Paul Richter, subdivisée en seize épisodes ayant chacun un titre particulier : *Préambule*, — *Pierrot*, — *Arlequin*, — *Valse noble*, — *Chiarina*, etc. Il serait difficile d'imaginer quelque chose de plus fantasque et de moins musical que cette triste bouffonnerie d'un esprit malade, qui dure plus d'une demi-heure, et où l'oreille éperdue ne peut saisir ni un rhythme ni une idée saillante. C'est le rêve troublé d'une imagination fiévreuse, qui n'a plus conscience de la liaison des idées. Le public n'a pas laissé ignorer à la grande virtuose le désappointement qu'il éprouvait, et j'ai vu le moment où il aurait déserté la salle, si le cauchemar musical de Robert Schumann eût duré un seconde de plus. Madame Clara Schumann peut être certaine que son beau talent d'exécution, qui brille surtout par la vigueur et la précision, aux dépens de la grâce féminine, dont elle est complétement dépourvue, a été très-appréciée à Paris; mais la musique de son mari, qu'elle a essayé de nous imposer, n'a pu vaincre l'indifférence du public et la désapprobation des hommes de goût, qui ne se laissent pas étourdir par de creuses rêvasseries.

Un artiste belge très-distingué, M. Auguste Dupont,

qui est professeur de piano au Conservatoire de Bruxelles, est venu se faire entendre aussi à Paris, où il a donné deux soirées musicales dans les salons de la maison Érard. Comme virtuose, M. Auguste Dupont est un pianiste au style sévère qui pousse la vigueur jusqu'à la rudesse, et qui manque un peu d'âme. Comme compositeur, il a du savoir et plus de distinction dans la forme et dans la contexture du style que d'abondance dans les idées. Tel qu'il s'est produit à Paris comme virtuose et comme compositeur, M. Auguste Dupont n'en a pas moins donné l'idée d'un talent élevé qui fait honneur à une école. Le Conservatoire de musique de Paris ne possède pas un professeur de piano du mérite de M. Auguste Dupont.

Un autre pianiste, qui jouit d'une réputation honorable et méritée, M. Alexandre Billet, de Genève, est venu également se faire entendre à Paris. Il a donné deux soirées dans les salons de Pleyel, où il s'est fait applaudir par une exécution brillante et correcte. Il a joué successivement une fantaisie de Mendelssohn, une polonaise de Weber, et la grande valse en *la bémol* de Chopin. Dans tous ces morceaux, M. Alexandre Billet a fait preuve d'une grande flexibilité de style et d'un goût parfait. C'est encore de Genève qu'arrive M. Émile Bret, qui a tenté une chose bien hardie : dans un concert qu'il a donné le 11 mai à la salle de M. Herz, il a fait entendre des fragments d'un opéra en deux actes de sa composition, *la Victime de Morija*, et puis d'autres fragments d'un opéra-comique en un acte, également de sa composition, et tout cela inédit. L'impression qui nous est restée des morceaux que nous avons entendus est plus favorable au talent de M. Bret qu'au caractère de ses idées musicales, qui nous ont paru venir d'un peu loin. Il semble en effet que le jeune compositeur, qui est organiste, je crois, confiné dans une ville de province, où les nouveautés sont rares, ait été nourri seulement des œuvres de quelques vieux maîtres, tels que Sacchini ou Lesueur. Il est donc à désirer que M. Émile Bret, qui est jeune et déjà habile dans certaines parties du métier, entende et étudie beaucoup la musique moderne, non pas pour en imiter servilement les formes, mais pour ne pas ignorer ce qui s'est fait de nouveau dans l'art depuis cinquante ans.

Un pianiste et un organiste français qui ne manque ni de prétention ni de talent, M. Saint-Saëns, a donné deux soirées musicales où il a exhibé toute sorte de compositions de sa façon : des sonates, des concertos et des symphonies. M. Saint-Saëns, qui a fait de bonnes études et qui vit dans un monde gourmé et un peu pédant, s'imagine qu'il suffit d'enfourcher une formule et de frapper sur le clavier de bruyants accords pour donner le change aux connaisseurs. Il se trompe bien évidemment, et depuis qu'il se prodigue en public, M. Saint-Saëns n'est point parvenu à nous convaincre qu'il soit destiné par Dieu à composer de la musique. Je ne puis mieux comparer M. Saint-Saëns qu'à un bon *scholar* dont la faconde parle de tout et sur tout sans jamais émettre une idée originale. Soit qu'il tienne l'orgue à l'église de la Madeleine, soit qu'il exécute un concerto de Beethoven au Conservatoire, ou l'une de ses compositions dans les séances où il impose ses œuvres, M. Saint-Saëns reste tout simplement un artiste fort distingué qui fait honneur aux maîtres qui lui ont donné de si bonnes leçons.

Faut-il mentionner tous les artistes grands ou petits qui ont fait un appel cette année à la bonne volonté du public? Ce serait une tâche impossible. Arrivons tout de suite aux dernières fêtes musicales de l'année, qui n'ont pas été les moins brillantes. On avait tout lieu de penser que le public était rassasié de chants, d'harmonies exquises et profondes, lorsque arrivait à Paris M. Sivori, le plus étonnant violoniste qui ait apparu depuis Paganini, son compatriote et son maître. Il s'est produit dans un concert de bienfaisance donné au cirque Napoléon le 10 mai. Après un programme des plus remplis, où M. Alard avait exécuté, avec le talent sûr et noble qu'on lui connaît, le concerto de Mendelssohn, M. Sivori est apparu à onze heures du soir devant un public de quatre mille personnes, qu'il a ému, qu'il a ravi pendant cinq quarts d'heure. Il a joué le très-long concerto en *si mineur* de Paganini, un peu arrangé par la fantaisie du disciple, et sur ce thème d'une difficulté extrême M. Sivori a fait pleurer, il a fait rire, et il aurait fait danser, je crois, tous ceux qui l'écoutaient bouche béante. Le succès de M. Sivori a été immense et je n'ai jamais vu de ma vie une pareille ovation. M. Sivori est aujourd'hui le violoniste le plus étonnant qu'il y ait en Europe. Enfin la saison musicale a été close avec éclat par un virtuose éminent d'un autre genre, M. Thalberg, qui, après dix ans d'absence, est venu se faire admirer aussi des Parisiens. Il a donné quatre soirées dans les salons d'Érard, où il a fait résonner sous ses doigts élégants les beaux et bons instruments de cette maison princière. M. Thalberg est un pianiste au jeu placide et fleuri, un beau ténor italien qui chante sur son clavier des *canzonette* ravissantes de sa composition, et qu'il intitule *Soirées du Pausilippe*. Il les a dédiées à son génie de prédilection, Rossini. Après avoir émerveillé un public d'élite, où les femmes étaient en majorité, par ces compositions légères dans lesquelles la pensée musicale et le sentiment sont un peu effacés par l'élégance ingénieuse de la forme, M. Thalberg a fait ses adieux en exécutant un petit chef-d'œuvre de Rossini, pour le piano, intitulé *la Tarentelle*. Si vous saviez ce que sont les joyaux précieux que l'auteur des *Soirées musicales* s'amuse à ciseler pour le piano, vous en seriez émerveillé comme tous ceux qui ont eu le bonheur de les entendre dans le salon du maître, exécutés par des artistes aussi distingués que M. Rosenhain et Mme Tardieu-Malleville. Imaginez une troupe joyeuse de Napolitains qui dansent au milieu d'une grande route. Tout à coup on entend une petite clochette qui annonce l'approche d'une procession. La danse s'arrête, la procession passe en chantant de pieuses litanies qui forment un contraste saisissant avec les rhythmes joyeux entendus avant. Puis, le bruit de la procession s'étant éloigné, la danse s'ébranle de nouveau, et la tarentelle éclate comme un feu d'artifice. M. Thalberg a rendu les finesses de ce petit drame enchanteur avec la délicatesse de touche et la belle sonorité qui distinguent son admirable talent.

La conclusion à tirer de ces fêtes merveilleuses, de ces concerts nombreux et variés, de ces virtuoses grands et petits que nous venons d'apprécier, c'est que la musique, dans sa partie la plus pure et la plus idéale, se propage de plus en plus en France, et qu'elle devient un besoin esthétique de la société. Aussi est-il facile de prévoir qu'en face de ce développement inouï de la musique instrumentale, les théâtres lyriques avec leurs maigres productions interprétées par les chanteurs que nous entendons, auront bien de la peine à lutter contre l'effet produit par une symphonie de Beethoven exécutée par un grand orchestre devant quatre mille auditeurs.

VI

LITTÉRATURE MUSICALE.

Lettres de Mendelssohn. — *Fragments sur l'art et la philosophie*, de Alfred Tonnellé. — *Biographie universelle des musiciens*, deuxième édition, tome quatrième, par M. Fétis. — *A travers chants*, par M. Berlioz.

Lettres de Mendelssohn. — On a publié à Leipzig chez les éditeurs Hartmann-Mendelssohn, un recueil de lettres de Félix Mendelssohn. Ces lettres intimes, adressées aux divers membres de sa famille pendant un long voyage que fit l'illustre compositeur, ont été accueillies en Allemagne avec faveur. Nous les avons lues avec un certain plaisir et comme elles contiennent de nombreuses révélations sur les travaux, sur les idées, les sentiments et les vues de ce mucisien éminent, mort à la fleur de l'âge, comme Mozart, nous pensons qu'on nous saura gré d'analyser ces lettres d'un homme qui occupe une si belle place dans l'histoire de la musique moderne.

On sait que Félix Mendelssohn-Bartholdy est né à Berlin le 3 février 1809, d'une famille israélite qui était dans le commerce. Moïse Mendelssohn, le philosophe platonicien, était son grand-père. De très-bonne heure, le jeune Mendelssohn montra d'heureuses dispositions pour la musique ; il fut confié aux soins de Zelter, un maître ingénieux qui lui donna des leçons d'harmonie et de contre-point. L'élève si bien doué fit des progrès rapides, devint un pianiste excellent, et il eut une enfance épanouie et pleine d'enchantement. Ses succès dans le monde furent précoces et éclatants, et tout ce qui l'entourait lui présageait une carrière brillante. Dès l'année 1824, Mendelssohn publia quelques œuvres de sa composition, et il renouvela cette tentative avec plus d'efforts en 1827, où il fit représenter à Berlin un opéra en trois actes sur le sujet des *Noces de Gamache*. Cette forme de la musique dramatique, qui n'a cessé de préoccuper Mendelssohn, ne devait jamais lui être favorable. C'est en 1829 que Mendelssohn, âgé de vingt ans, quitta sa ville natale et l'excellente famille où sa noble nature était heureusement éclose, et qu'il entreprit un long voyage à travers l'Allemagne, l'Italie, la France et l'Angleterre pour connaître le monde et développer ses instincts. Ce sont les impressions de ce voyage qui dura trois ans que racontent avec charme les lettres qui vont nous occuper. Nous suivrons Mendelssohn et ferons ressortir, dans ses confidences et ses épanchements, les traits qui nous paraîtront révéler un coin curieux de la personnalité aimante de ce grand artiste.

La première lettre est écrite de Weimar, où il arrive dans le mois de mai 1830. Mendelssohn est reçu par Gœthe avec la bienveillance souveraine qui caractérisait ce grand génie. Le jeune Mendelssohn plaît beaucoup au poëte, qui, tous les matins, lui fait jouer du piano devant lui. « Il me questionne beaucoup, écrit Mendelssohn, sur le caractère et la date du morceau que j'exécute, et il faut que je lui réponde immédiatement et avec précision. Il ne voulait d'abord rien entendre de Beethoven ; mais, après que je lui eus joué la première partie de la symphonie en *ut mineur*, il me dit : « Cela émeut, cela est grand... imposant ! » Et après avoir essayé de redire entre ses dents un des motifs de la symphonie : « C'est très-grand ! ajouta-t-il, et on devrait craindre que le développement d'une pareille idée ne fît écrouler la maison où on l'exécute. » — « Il est plein d'aménité pour moi (nous laissons encore parler Mendelssohn). Tous les jours je dîne à sa table, et après le dîner il m'emmène dans son cabinet, où il me questionne sur mes projets d'avenir. Il me parle d'art, de théâtre, de poésie, de l'*Hernani* de Victor Hugo, de Lamartine, et beaucoup des jolies femmes.

— Jeune homme, me dit-il un soir, il faut vivre avec les femmes, il faut chercher à leur plaire. »

Quelques jours avant que Mendelssohn partît de Weimar, Gœthe lui donna une page de son manuscrit de *Faust* avec ces mots de sa main : « A l'aimable Félix Mendelssohn, maître souverain du piano, souvenir d'amitié, par un beau jour du mois de mai 1830 ! »

Après avoir quitté Weimar et traversé rapidement

Prague, Munich, Presbourg, Mendelssohn arrive à Venise au commencement du mois d'octobre 1830. Il pousse un cri de joie en voyant pour la première fois cette ville unique qui a été le rêve de sa vie « depuis qu'il a l'âge de raison, » écrit-il à ses deux sœurs. —Et savez-vous devant quelles œuvres le jeune musicien berlinois, l'élève gourmé de Zelter et de Sébastien Bach, tombe en extase? Devant les tableaux de Titien, dont l'*Assomption de la Vierge* surtout excite son ravissement. Quel singulier contraste entre la nature intime de cet artiste de l'Allemagne du nord, de ce Juif, enfant d'une race qui n'a jamais su rire, dit M. Renan, de cet esprit morose, occupé de métaphysique et de rêverie, et le goût de l'artiste pour les œuvres éclatantes et splendides du plus grand peintre de l'école vénitienne! N'existe-t-il point à Paris un peintre justement fameux, dont la verve fiévreuse s'est épanchée dans des tableaux pleins de fracas et d'émotions violentes, et qui professe, dans ses causeries spirituelles et parfois dans ses remarquables écrits, une admiration sincère, dit-on, pour les maîtres et les théories de l'art classique? Les oppositions de ce genre sont plus fréquentes qu'on ne le croit dans la vie des hommes illustres, et je connais un compositeur immortel qui n'aime pas que l'on compare son génie à celui de Titien, dont il a pourtant l'éclat, la passion et la magnificence.

Mendelssohn est plus fidèle aux penchants du peuple auquel il appartient par son amour sincère de la nature, dont il comprend les beautés mystérieuses. Il est ravi de l'aspect de l'Italie, et il décrit avec complaisance ses campagnes sereines, comme les habits joyeux des *contadini*. Dans une lettre qu'il adresse à son maître, le vieux Zelter, Mendelsshon parle avec une juste sévérité d'un peu de musique qu'il a entendue dans une église de Venise. A l'appui de son blâme, Mendelsshon transcrit quelques mauvais accords plaqués que l'organiste a tirés d'un instrument délabré, et cela devant les plus beaux chefs-d'œuvre de la peinture vénitienne. Ce contraste le frappe avec juste raison, et il se demande comment un peuple qui a produit de si grandes merveilles dans les arts plastiques des siècles passés a pu tomber aussi bas et se contenter de la musique misérable qu'on exécute chaque jour dans les plus belles églises du monde.

Dans la même lettre, Mendelssohn fait part à son maître des projets de composition qui l'occupent,— un choral à quatre voix, une chanson, un psaume, une ouverture qu'il se propose de mener à bonne fin. Mais c'est à Rome, où Mendelssohn arrive dans le mois de novembre 1830, qu'il faut le suivre et qu'il faut l'entendre exprimer les sentiments que lui inspirent les hommes et les choses de la ville éternelle. Un Allemand, un Juif, un musicien rompu à la dialectique du contre-point, un disciple de Sébastien Bach et un contemporain de Hegel, de quelle manière jugera-t-il les monuments de ce vieux monde de la forme, de la ligne et de la pensée profonde, mais claire et saisissable? Comment une imagination rêveuse et chargée de brouillards, comment un esprit réfléchi et laborieux, dont l'œuvre péniblement enfantée porte la trace des efforts qu'elle lui a coûtés, jugera-t-il un simple rayon de soleil fixé sur la toile par une main inspirée, la grâce naïve d'une fille de l'Ombrie, une mélodie divine entourée de quelques accords boiteux? D'abord le jeune Mendelssohn est fort étonné qu'on connaisse à Rome l'œuvre très-sérieuse d'un musicien allemand du xviiie siècle, *la Mort de Jésus*, de Graun, et qu'il se trouve dans la ville de Palestrina un vieil abbé Santini, savant archéologue, qui désire ardemment connaître la partition de *la Passion* de Sébastien Bach, une œuvre considérable d'un musicien protestant. Mendelssohn avoue même que les chanteurs italiens n'ont pas trop mal interprété la musique de Graun, qui dans son temps n'a été qu'un lourd imitateur des maîtres ultramontains. Enfin Mendelssohn s'oriente dans cette grande nécropole de l'histoire. Il voit les hommes, les monuments, les merveilles de toute nature qui s'y trouvent accumulés, et il en parle avec un enthousiasme sincère et éclairé. Il se loue beaucoup de l'abbé Santini, qui lui communique avec libéralité les raretés historiques de sa bibliothèque, et il prie sa famille de lui envoyer d'Allemagne un recueil de six cantates de Sébastien Bach pour en faire hommage au savant abbé.

« Hier (écrit-il malicieusement à sa sœur Fanny),

je suis allé chez M. de Bunsen, où j'ai entendu un musicien allemand. Hélas! hélas! j'aurais voulu être Français. Après dîner, nous avons vu arriver Catel, Egger, Senf, Wolf et autres peintres. On m'a prié de faire de la musique et de jouer du Bach, ce que j'ai fait, à la grande satisfaction des auditeurs. Je leur ai parlé aussi de la possibilité d'exécuter à Rome *la Passion* du grand Sébastien ; mais les chanteurs de la chapelle du pape ont déclaré, après avoir examiné la partition, qu'elle était inchantable. Je pense tout le contraire. » Dans cette même lettre, Mendelssohn parle de l'abbé Baini, le savant historien de Palestrina. « Je lui ai été présenté, dit-il, par M. de Bunsen. Je suis heureux d'avoir fait la connaissance de cet homme distingué, dont le savoir me sera très-utile pour éclairer beaucoup d'énigmes. » Il ajoute quelques lignes plus bas : « Je t'envoie, ma chère Fanny, pour le jour de ta naissance, une composition que je viens d'achever. C'est un psaume pour chœur et orchestre,—*Non nobis, Domine.*—Tu en connais déjà la partie vocale. Il s'y trouve un air dont la conclusion te plaira, j'espère. Maintenant je vais achever une ouverture qui est sur le métier depuis longtemps, et puis, si Dieu me prête vie, j'aborderai une symphonie. Je projette aussi le plan d'un concerto de piano que je réserve pour le public de Paris. »

Mendelssohn se plaint beaucoup de l'inaptitude des musiciens d'orchestre. « Les orchestres de ce pays-ci, écrit-il à sa sœur, sont au-dessous de tout ce que l'on peut imaginer. Les concerts que donne la Société philharmonique ne sont accompagnés qu'au piano, et lorsque tout récemment on a voulu aborder *la Création* d'Haydn, il a fallu y renoncer, parce que les musiciens de l'orchestre ont déclaré ce chef-d'œuvre inexécutable. » Dans une autre lettre pleine de vivacité et de douce ironie, où Mendelssohn fait le récit d'une promenade au *Monte-Pincio*, il dit : « Je suis entré vers le soir dans l'église la *Trinità dei Monti*, où j'ai entendu chanter deux nonnes françaises d'une manière admirable,... car je deviens tolérant ici, et j'écoute les choses les plus incroyables avec une suprême indifférence. Cependant la voix de chacune de ces femmes n'était pas mauvaise, et j'ai même conçu le projet d'écrire expressément pour elles un morceau de musique religieuse, que je leur enverrai sans me faire connaître. L'idée d'entendre chanter par deux pieuses catholiques la composition d'un *barbaro Tedesco* me fait sourire. J'ai déjà dans la tête le plan de ce morceau, ainsi qu'un choral de Luther pour la semaine sainte. Après le jour de l'an, je veux m'occuper de musique instrumentale, écrire aussi quelque chose pour le piano et terminer peut-être l'une ou l'autre des deux symphonies que j'ai commencées. » On voit que Mendelssohn ne perd pas son temps, et qu'au milieu de tant de merveilles et des nombreuses distractions qu'il trouve à Rome, il pense à l'avenir, et il édifie son œuvre. Introduit chez M. Horace Vernet, qui dirigeait alors l'école française, Mendelssohn parle de ce peintre célèbre en termes fort aimables.

« Il faut, ma chère mère, écrit-il le 17 janvier 1831, que je te fasse part d'une bonne fortune qui vient de m'arriver et qui te fera aussi bien plaisir. J'ai été l'autre jour chez Horace Vernet, où j'ai joué du piano devant un petit nombre de personnes qui se trouvaient dans son salon. Il m'avait dit, avant que je ne me misse au clavier, qu'il avait une grande admiration pour le *Don Juan* de Mozart. J'eus alors l'idée de changer le morceau que je me proposais de lui faire entendre, et qui était le *Concert-Stuck* de Weber, et je me mis à improviser sur différents motifs du chef-d'œuvre de Mozart. Il fut ravi de mon intention et m'en témoigna chaudement sa gratitude. Un instant après, il me dit : « Faisons un échange, car, moi aussi, je sais improviser. Comme je paraissais désireux de connaître son talent en ce genre : « C'est un secret, » me répondit-il, et il disparut. Revenant à moi quelques minutes après, il me conduisit dans une autre chambre, où il me montra une toile toute préparée pour recevoir des couleurs. « Si vous avez un peu de temps à perdre, me dit-il, je fixerai vos traits sur cette toile, et vous pourrez la rouler ensuite et l'envoyer à vos parents. » J'acceptai avec joie sa proposition, et je ne puis vous exprimer tout le bonheur que j'ai éprouvé en me voyant accueilli avec tant de bienveillance par un tel artiste. » Il ajoute quelques lignes plus bas : « Le soir, on se mit à danser, et il fallait voir alors mademoiselle Louise Vernet, suspendue au bras de son père, bondir sur un rhythme de saltarelle! Elle se dégage soudain, prend un tambourin sur lequel elle frappe des coups périodiques et s'élance comme une muse de la Grèce. Ah! que j'aurais voulu être peintre pour fixer une si charmante image! » On sait que mademoiselle Louise Vernet, dont parle ici Mendelssohn, est devenue madame Paul Delaroche, dont tout Paris a pu admirer la rare distinction.

Parmi les artistes étrangers avec qui Mendelssohn se trouva en relation à Rome, il mentionne deux jeunes compositeurs français, deux lauréats de l'Institut. Le nom de ces messieurs a été probablement effacé par l'éditeur des lettres; mais j'ai reconnu l'un d'eux au jugement très-juste qu'en porte le musicien allemand. « Les deux Français dont je t'ai déjà parlé, écrit-il à sa sœur le 29 mars 1831, sont venus encore aujourd'hui me proposer une *flânerie*. Ce sont deux originaux peu amusants, dont la conversation est ou profondément triste, ou d'une vulgarité désespérante, selon le degré de sérieux qu'on accorde à leurs paroles. M. *** respire, digère et dort sans posséder une étincelle de génie et de talent. Il se drape, il se pose fièrement comme un homme qui porte un monde nouveau dans sa tête. Il parle avec exubérance de Schiller, de Gœthe, de Beethoven, et il écrit les choses les plus misérables. Il est rempli d'une vanité si ridicule et il s'exprime avec tant de dédain sur

Haydn et sur Mozart, que je doute fort de son prétendu enthousiasme pour Beethoven et pour Gluck, dont il me fatigue sans cesse les oreilles. » Je ne doute pas que les lecteurs n'aient reconnu l'original de ce portrait fidèle. Mendelssohn, Robert Schumann, tous les musiciens d'un mérite incontestable, l'ont jugé comme nous l'avons fait bien souvent.

Une lettre très-intéressante pour l'objet qui nous occupe est celle du 4 avril 1831, où Mendelssohn rend compte des cérémonies de la semaine sainte et du chant qu'il a entendu à la chapelle Sixtine. C'est ici qu'il importe de ne pas oublier que c'est un Allemand qui parle, un Allemand du nord nourri de la forte harmonie de l'école des Bach, et dont l'oreille est habituée aux plus vastes combinaisons de la fugue et du contre-point. Encore une fois, c'est un scolastique moderne, un dialecticien juif et protestant qui va juger la grâce enfantine d'un Pérugin, l'onction attendrissante d'un Fra Angelico, l'harmonie divine, mais simple et consonnante, d'un Palestrina; enfin c'est un blond Germain élevé dans la forêt sombre où il a entendu le cor enchanté de la légende, c'est une imagination à la Shakspeare que les fées ont bercée sur leurs genoux, une âme remplie d'échos mystérieux et de divins pressentiments, c'est l'auteur du *Songe d'une nuit d'été* et de la *Walpurgisnacht* qui va juger les monuments d'une civilisation lumineuse, profonde, mais précise, et révélant l'infini sous une forme belle, simple et accessible à tous.

Voilà Mendelssohn dans la chapelle Sixtine, où, pendant plusieurs jours de suite, il assiste aux belles cérémonies qui s'accomplissent dans ce sanctuaire magnifique de la papauté et du catholicisme triomphant. « Je ne vous parlerai pas en détail de tout ce que j'ai vu et entendu, écrit-il le 4 avril 1831, je veux seulement essayer de vous donner une idée de l'ensemble de ce beau spectacle, sur lequel je n'avais aucune notion. » Il décrit ensuite les évolutions des ministres de Dieu, la distribution des palmes, la marche du pape, qui, précédé de ses cardinaux, s'avance vers le trône qu'on lui a préparé. Le chœur à l'unisson qu'on chante pendant ce défilé de la cour pontificale, entonné d'abord avec force, s'amortit peu à peu par l'éloignement des chanteurs qui suivent le cortége. Un second chœur éclate tout à coup dans la chapelle, qui fait écho à celui qui s'est éloigné, et les deux théories se réunissent ensuite et forment un ensemble qui frappe Mendelssohn. « On dira ce qu'on voudra, dit-il, mais cet effet est beau, quoiqu'on puisse le trouver un peu monotone. » Il parle aussi avec un sentiment assez juste du chant des psaumes et de celui des *Lamentations de Jérémie*, dont il apprécie bien la monotonie solennelle. Quant au fameux *Miserere* d'Allegri, sur lequel Halévy a écrit des naïvetés, Mendelssohn en loue la haute simplicité. « Les premières mesures de ce morceau célèbre, dit-il, qu'on chante *pianissimo*, ont produit sur moi une vive sensation. Le reste m'a paru médiocre, mais ce commencement est d'un effet saisissant. » Dans une lettre adressée à son maître, le vieux Zelter, Mendelssohn revient sur les cérémonies de la semaine sainte, et il entre dans plus de détails sur la musique et le chant de la chapelle Sixtine. « Les psaumes sont chantés par deux chœurs de voix d'hommes qui alternent et se répondent comme deux coryphées. Les paroles de chaque verset sont déclamées rapidement, excepté la dernière syllabe, sur laquelle la voix s'arrête pour conclure, et cette sorte de déclamation syllabique à l'unisson se termine par un doux accord parfait qui surprend agréablement l'oreille. Après le psaume 70, où tout le monde se lève pour réciter tout bas un *Pater noster*, on commence à chanter, d'une voix mourante et contenue, les *Lamentations de Jérémie*, musique de Palestrina. Lorsque cette composition est rendue par des voix de soprano et de ténor, et qu'elle se développe lentement d'un accord à l'autre, l'effet en est vraiment divin (*ganz himmlisch*)! »

A la bonne heure ! Tu sens donc la grâce ineffable de la religion du Christ et de l'art qu'elle a inspiré, ô fils de Jacob et de Sébastien Bach, disciple du Talmud et de la synagogue ! Tu es assez heureusement doué pour comprendre la sublimité de celui qui a dit : « Laissez venir à moi les petits enfants, » paroles saintes et fécondes qui ont restauré le cœur humain et divinisé l'amour dans la vie comme dans l'art. « La première fois, ajoute Mendelssohn quelques lignes plus bas, que j'entendis les leçons sur les psaumes d'après le traité de saint Augustin, je fus frappé de la singularité de l'effet. — Une voix seule expose d'abord le sujet dans une espèce de récitatif d'une allure lente et solennelle, en faisant ressortir nettement chaque mot et en s'arrêtant selon la ponctuation de la phrase. Viennent ensuite les psaumes et puis les antiennes. C'est alors qu'on commence à éteindre successivement les lumières de l'autel et que l'obscurité envahit le sanctuaire. Le chœur tout entier entonne alors avec beaucoup de force et à l'unisson le *canticum Zachariæ*, et pendant la durée de ce cantique on achève d'éteindre les autres lumières. Le *fortissimo* du chœur qui éclate dans l'obscurité profonde où l'on se trouve tout à coup produit un effet magique. Le chant de ce chœur, écrit dans le ton de *ré mineur*, est charmant. Tout cela (ajoute Mendelssohn après avoir signalé d'autres détails de la cérémonie et de l'exécution) est du plus grand intérêt. Le *Miserere* que j'ai entendu le premier jour est celui de l'abbé Baini, composition sans caractère et sans force comme toute la musique du savant abbé. Le second jour, j'ai entendu celui d'Allegri, dont le commencement me fait toujours plaisir. En général cependant toute cette musique est un peu monotone. C'est par les nuances infinies de l'exécution, par les *abbellimenti* que les chanteurs y ajoutent presque à chaque accord, qu'elle acquiert un mérite réel. Ces embellissements, paraît-il, sont tous de tradition, et les chanteurs en font un mystère. Je ne pense pas cependant que ces nuances et ces modifications que les chanteurs de la chapelle Sixtine ajoutent aux morceaux qu'ils interprètent soient d'une date bien ancienne. »

Je ne suivrai pas Mendelssohn dans l'analyse minutieuse de quelques passages et de quelques formes étranges du plain-chant grégorien, dont il ne semble pas bien comprendre l'esprit et la vague tonalité. On sent que, dans un pareil sujet, Mendelssohn n'est pas à l'aise, et que son oreille, habituée aux modulations ardentes de la musique moderne, a de la peine à se faire aux formes solennelles de la mélopée ecclésiastique. Toutefois je ne puis résister au désir de mettre sous les yeux des lecteurs un passage curieux de cette même lettre à Zelter, où Mendelssohn juge la grande question de la musique religieuse au point de vue de l'art moderne. « Je ne puis le cacher, j'ai souvent souffert d'entendre les plus belles paroles de la Bible défigurées par une mélodie vague, monotone et sans accent. Ils répondent à ce reproche : « C'est du *canto-fermo*, c'est du plain-chant. » Eh ! que m'importent le nom et l'antiquité de la chose ? Si dans le siècle barbare de saint Grégoire on sentait comme cela, ou si on n'a pu mieux s'exprimer, ce n'est pas une raison pour que nous suivions les errements du passé. J'ai été bien souvent indigné d'entendre à la chapelle Sixtine le mot *pater* orné d'un *gruppetto*, et le pronom *meum* surmonté d'un trille. Est-ce là de la musique religieuse ? » Mais il dit aussi à ce même Zelter : « J'ai assisté à la cérémonie touchante de l'adoration de la croix. On place un christ au milieu de la chapelle, et tout le monde, après avoir ôté sa chaussure, va se prosterner aux pieds du symbole divin et l'embrasse. Pendant que s'accomplit cet acte de foi, le chœur chante les *improprii* de Palestrina. Après avoir entendu plusieurs fois cette composition exquise, il me semble que c'est ce que Palestrina a fait de mieux. L'exécution en est parfaite et d'une douceur pénétrante. Les chanteurs font ressortir chaque nuance sans interrompre le cours harmonieux de l'ensemble. Ce chant dure pendant toute la cérémonie, qui s'accomplit dans le plus grand silence. C'est vraiment très-beau (*wirklich herrlich*). »

Ainsi parle de la musique de Palestrina un jeune et grand artiste allemand que son éducation n'avait pas préparé à comprendre les effets d'une si sublime simplicité. Il se loue d'avoir éprouvé dans la chapelle Sixtine, pendant l'exécution de ces *improprii* de la pénitence, l'émotion profonde qu'avait ressentie Gœthe à la fin du xviiie siècle. Osons dire ce que ni Mendelssohn ni Gœthe peut-être n'auraient voulu admettre : c'est que le génie de Palestrina et la forme naïve et sereine où il s'est révélé à la fin du xvie siècle sont, devant Dieu et devant les hommes, bien supérieures aux profondes et vastes combinaisons de Sébastien Bach. Quel que soit l'état de dépérissement où se trouvent aujourd'hui l'art religieux à Rome et surtout la musique de la chapelle Sixtine, ces débris vénérables d'un passé glorieux méritent encore d'exciter l'intérêt des connaisseurs. Une femme distinguée dont je n'aime guère cependant ni l'esprit ni la piété fastueuse et aristocratique, madame Swetchine, parle en ces termes de la musique qu'elle a entendue sous les voûtes peintes par Michel-Ange : « Vous me demandez si j'ai été contente de la semaine sainte ? J'en ai admiré la pompe ; mais l'imagination devine ou dépasse si aisément tout ce qui est de la magnificence, que la surprise n'a rien ajouté à mon admiration, si j'en excepte la musique, dont le caractère solennel et religieux et l'étonnante exécution sont au-dessus de tout éloge. Cette musique fait rêver avec Pythagore à l'harmonie des corps célestes et à toutes les merveilles qu'on leur attribue dans les premiers âges du monde. C'est vraiment sublime, et le sublime du langage des anges. »

Après un assez long séjour fait dans la capitale du monde catholique, Mendelssohn va à Naples, dont il admire seulement le climat et la situation. Il ne parle du théâtre de Saint-Charles, de son orchestre et des opéras qu'on y exécute, qu'avec dédain. Il s'exprime très-légèrement sur le talent de Donizetti, qui n'avait pas encore produit alors ses œuvres les plus charmantes, et il ne mentionne que rarement le nom de Rossini, sans jamais l'accompagner d'une épithète louangeuse. Pauvre Mendelssohn ! il n'était pas né pour comprendre le génie de l'auteur du *Barbiere di Siviglia*, et ce ne sont pas les hommes de sa nation ni ceux de sa race qui ont inventé l'art d'exprimer la gaieté et les passions vives et profondes du cœur humain. Nous verrons plus tard comment Mendelssohn juge à Paris *Guillaume Tell* et *Robert-le-Diable*. Revenu un instant à Rome, Mendelssohn la quitte pour la seconde et dernière fois, se rend à Florence, traverse Gênes et s'arrête un instant à Milan, où il fait l'heureuse rencontre d'une femme distinguée, madame Ertmann, une élève chérie de Beethoven, à qui le grand maître a dédié la sonate pour piano en *la majeur*. Il fut accueilli avec beaucoup de grâce par madame Ertmann, qui exécuta immédiatement devant lui la sonate en *ut dièze mineur* et celle en *ré mineur* de son illustre maître. Mendelssohn eut aussi l'occasion de rencontrer à Milan le fils aîné de Mozart, qui portait avec dignité le nom d'un si grand homme. Dans une lettre qu'il écrit de cette ville à l'auteur dramatique Édouard Devrient, Mendelssohn lui demande : « Si tu connais un homme qui sache écrire un poëme d'opéra, nomme-le-moi, je t'en conjure, car je ne cherche pas autre chose. En attendant que je trouve ce *libretto* tant désiré, je compose des chants religieux sur le texte de la Bible, comme le faisait Sébastien Bach. J'ai aussi écrit un grand morceau de musique que je crois destiné à réussir : c'est la *Walpurgisnacht* de Gœthe. J'ai commencé cette composition, parce que le sujet me plaisait et sans me préoccuper des moyens d'exécution. Maintenant que je l'ai terminée, je crois qu'elle produira de l'effet dans un grand concert. Je vais bientôt partir pour Munich, où l'on me propose d'écrire un opéra. Je serais bien heureux, si je rencontrais dans ce pays le poëte que je cherche. »

Mendelssohn n'a cessé de caresser l'idée de composer un opéra sur un sujet de son choix, et jamais son vœu n'a pu se réaliser complétement. Nous laisserons encore une fois le voyageur parcourir lentement et pédestrement la Suisse, où son cœur, son imagination et ses instincts poétiques trouvent amplement de quoi se satisfaire. Il décrit avec amour et un enthousiasme sincère tous les sites pittoresques qu'il aperçoit, dessine au crayon les chalets qu'il visite, compose des chansons sans paroles, et lit avec ravissement le *Guillaume Tell* de Schiller sur les lieux mêmes où se passa la scène de ce beau drame. « Aujourd'hui, écrit-il d'Engelberg, j'ai composé dans ma tête le morceau symphonique que l'orchestre devrait jouer à la fin du premier acte de la pièce de Schiller. Il m'est survenu bien d'autres idées encore, que je voudrais pouvoir exécuter. Il y a tant de choses nouvelles à faire dans ce monde ! » Il écrit encore à un ami, Guillaume Taubert : « J'ai une envie démesurée de composer un opéra, et je n'aurai de repos que lorsque ce désir sera satisfait. Je suis tellement attiré vers cette idée, que, si j'avais un *libretto* sous la main, l'opéra serait fait demain. »

A Munich, où Mendelssohn se trouve pour la seconde fois en octobre 1831, il donne des concerts où il fait entendre plusieurs œuvres de sa composition, entre autres *le Songe d'une Nuit d'été*, et un concerto pour piano et orchestre qu'il exécute lui-même. Il obtient le plus grand succès comme compositeur et comme virtuose. « Lorsque je me mis au piano, dit-il, pour improviser sur le thème de l'air *Non più andrai* que m'avait donné le roi, j'eus un peu d'émotion. Dès la fin du concert, je commençai à penser que c'est une folie de se produire ainsi devant le public, et j'ai pris la résolution de ne plus tenter la fortune de cette sotte manière. »

C'est dans les derniers jours de l'année 1831 que Mendelssohn arrive à Paris. Ce fut pour sa carrière d'artiste un moment décisif. Accueilli avec empressement par tous les musiciens et par tous les hommes distingués de la capitale, Mendelssohn eut à choisir entre les différentes voies qui s'offraient à lui pour conquérir la gloire qu'il ambitionnait. Restera-t-il à Paris, s'établira-t-il à Londres, les deux plus grands foyers de la civilisation du monde, ou bien retournera-t-il dans sa chère Allemagne, où l'attirent ses souvenirs, ses affections de famille et ses instincts de poésie? Telle est la question qu'il se pose pendant qu'il obtient de si beaux succès à la Société des Concerts et dans les plus grands salons de Paris. Comme l'avait fait Mozart un siècle avant, dans des conditions bien moins heureuses, Mendelssohn tranchera la question en faveur de sa patrie, et il dédaignera les faveurs d'un public séduisant qui cache un si grand goût et un si grand sens sous des apparences de frivolité. En attendant, le jeune compositeur allemand, qui parle le français comme il parle l'anglais et l'italien, court partout, à la chambre des pairs, à la chambre des députés, dans les musées, dans les théâtres, et il se plonge dans le bruit joyeux de la grande ville. Il s'étonne qu'on s'occupe autant de politique dans la capitale d'un grand pays qui vient de subir une révolution, et qu'on y parle d'autre chose que de musique. O naïveté d'un noble et grand artiste ! « Je vis, écrit-il à sa sœur Rebecca, comme un païen. Le soir et l'après-dîner je suis constamment dehors. Aujourd'hui j'ai été chez Baillot ; après-demain je vais chez les Fould, mardi chez Hiller, mercredi chez le peintre Gérard, et ainsi de suite pendant toute la semaine. J'ai rendu visite aussi au grognon Cherubini et à l'aimable Henri Herz. *A propos*, s'écrie-t-il, dois-je me faire lithographier des pieds à la tête comme on me le propose ? Tu diras ce que tu voudras, mais je n'en ferai rien. J'ai juré depuis longtemps qu'on ne verrait jamais ma figure accrochée à la vitrine d'un marchand d'estampes... Hier j'ai passé une délicieuse soirée chez Baillot. Cet artiste, qui joue admirablement du violon, réunit autour de lui un public d'élite. On y a exécuté mon quatuor en *mi majeur* avec une rare perfection. On a demandé ensuite une sonate de Bach, et nous avons choisi celle en *la majeur* ; puis j'ai improvisé sur le piano avec assez de bonheur. »

Dans une autre lettre adressée à sa sœur Fanny, Mendelssohn revient sur les incidents de la vie parisienne, et il peint avec assez de vérité l'état où se trouvaient les arts en ce moment difficile de crise sociale et politique. « Le théâtre de l'Opéra-Comique a fait banqueroute. Le dernier ouvrage qu'on a donné à l'Opéra, c'est l'*Armide* de Gluck, réduite en trois actes. L'institution musicale de Choron est fermée, la chapelle royale s'est éteinte ; on ne peut pas entendre une messe en musique dans aucune église. La Malibran quitte Paris la semaine prochaine. » Il écrit à un ami qui habite Dusseldorff, Charles Immermann: « On donne depuis quelque temps à l'Académie royale de musique *Robert-le-Diable* de Meyerbeer, dont la musique a beaucoup plu. C'est un grand spectacle où sont employés tous les artifices de la mise en scène. Le sujet est *romantique*, mais ce n'est, après tout, qu'une très-mauvaise pièce, où il n'y a que deux belles scènes de fantasmagorie ; l'ensemble ne *produit aucun effet*. Je ne puis comprendre qu'on fasse de la musique sur un pareil sujet ; aussi celle de Meyerbeer ne me satisfait pas. *Je la trouve froide, dépourvue d'action et de sentiment!* (*kalt und herzlos !*) » Bravo, voilà qui est jugé en bon Allemand, en digne ami de Robert Schumann, qui en a dit autant du chef-d'œuvre de Meyerbeer ! Pauvre Mendelssohn ! il a bien fait de ne pas se fixer à Paris et d'aller écrire dans le pays des Bach les amusantes jérémiades de *Paulus* et d'*Élie*.

Quant au *Guillaume Tell* de Rossini, Mendelssohn l'abandonne au mauvais goût des Français, et il lu préfère presque, savez-vous quoi ? le *Faust* de Spohr,

qui sera joué sur le grand théâtre de Londres, et que
« les Parisiens considèrent, dit-il, comme un chef-
d'œuvre classique. » Je vous le dis en vérité, quand
un Allemand ne s'appelle pas Gœthe, Herder, Mozart, Humboldt, Heine, il ne faut pas lui permettre
d'avoir un avis sur les actes et la sociabilité des
peuples de l'Occident où l'on sait rire et pleurer à
bon escient. Voyez Lessing, jugeant les tragédies de
Racine, voyez Beethoven appréciant à la simple lecture le *Barbier de Séville* de Rossini ! Homère, Dante,
Michel-Ange ne seraient pas plus étonnés en lisant
le *Mariage de Figaro*, que ne l'a été l'auteur de la
Symphonie pastorale en parcourant du regard un chef-
d'œuvre de charme et de gaieté humaine. De là, je
conclus que plus le génie est sublime et puissant,
moins il lui est facile de sortir de l'idéal qu'il s'est
créé et de comprendre ce qui n'est pas lui. Mendelssohn, qui n'avait pas cette excuse pour être exclusif
et sourd, expiera l'étroitesse de son esprit et de son
organisation monotone en échouant au théâtre et
dans la musique dramatique, où il s'est vainement
essayé toute sa vie.

« Je ne saurais trop me louer des artistes de ce
pays, écrit Mendelssohn à un membre de sa famille.
Avant-hier, on a exécuté, à la Société des Concerts,
l'ouverture du *Songe d'une nuit d'été*, ce qui m'a fait
un plaisir infini. Dans l'un des prochains concerts,
on la redira, et l'on exécutera en même temps ma
symphonie. Je dois jouer aussi pour mon compte, le

concerto en *sol majeur* de Beethoven. Je ne crois pas qu'il soit possible d'entendre une exécution aussi parfaite que celle de la Société des Concerts... Je vois avec bonheur que mon nom ici est partout bien accueilli. Le monde sait enfin que j'existe et que je puis quelque chose. Les éditeurs me font des visites et me demandent à acheter de mes œuvres. J'ai tant fait de musique depuis quelque temps que je ne sais plus où j'en suis. Je sors d'une répétition du Conservatoire où tout a été à merveille. Si le public de demain partage l'enthousiasme que les musiciens m'ont témoigné aujourd'hui, je serai au comble de la joie. Habeneck a harangué son orchestre en mon honneur; il lui a recommandé d'être attentif et soigneux des nuances. Après la répétition, Baillot a fait exécuter dans sa classe mon *ottetto*, et s'il existe au monde un homme qui sache encore jouer du violon, c'est lui; il a été admirable, ainsi qu'Urban, Norblin et les autres. Le 7 de ce mois (avril 1832), Baillot donne un grand concert où je jouerai quelque chose de Mozart, et le lendemain je prends la poste et je m'embarque pour Londres. »

En effet, Mendelssohn arrive à Londres pour la seconde fois dans le mois d'avril 1832; il se fait entendre dans plusieurs concerts publics. Il obtient un très-grand succès, aussi bien comme compositeur que comme pianiste. C'est à Londres qu'il apprend la mort de son vieux maître Zelter, et cet événement douloureux pour son cœur le décide à quitter l'Angleterre et à retourner dans sa patrie après trois ans d'absence. Arrivé à Berlin dans le mois de juin 1832, Mendelssohn se consulte et refuse la succession de Zelter comme directeur de l'école de chant qu'il avait fondée et qui subsiste encore aujourd'hui. Après d'autres hésitations, Mendelssohn se décide à accepter, je ne sais trop à quelle date, la direction de la Société philharmonique de Leipzig, et c'est en cette ville savante que, dans l'espace de cinq ans qui lui restent encore à vivre, il conquiert par des œuvres solides et nombreuses la réputation d'un grand musicien de l'Allemagne et de tous les pays.

J'ai suivi Mendelssohn dans ses pérégrinations à travers l'Europe. Dans sa correspondance si vive, si franche et si remplie de doux épanchements, j'ai noté et fait ressortir les traits qui pouvaient le mieux nous révéler son âme délicate et sa souple intelligence. Ce Germain enté sur un Juif a été ébloui par l'Italie. En cela, il est resté fidèle aux traditions de sa race, qui a toujours aspiré vers les contrées bienheureuses où *fleurissent les citronniers*. Venise et sa gloire passée l'ont étonné, la magique couleur de Titien lui a donné le vertige. Il a compris la grandeur de Rome, où se trouvent les débris de la civilisation du monde; il a senti la sublimité de Raphaël; il a été touché, pénétré, par l'onction divine de Palestrina. Il a marqué d'une croix rouge l'impuissance héroïque de M. Berlioz et il a manqué de justice envers Donizetti, qu'il a jugé avant l'heure. A Paris, où Mendelssohn a été accueilli avec tant de bienveil-

8.

lance, il n'a pas su voir que, sous l'activité fiévreuse de la nation et sous la frivolité apparente du public français, il y a un bon sens admirable et un goût si sûr que ses jugements donnent la vie ou la mort. Il n'a rien compris au grand drame de Meyerbeer, et il a méconnu le plus grand musicien qui se soit produit au théâtre depuis la naissance de l'opéra. Enfin, après s'être fait un peu d'illusion sur la portée des succès qu'il avait obtenus à Londres, Mendelssohn est retourné dans son pays, où, après quelques années de pénibles labeurs, il s'est courbé sous le poids du jour comme une fleur qui a exhalé ses parfums.

Fragments sur l'art et la philosophie recueillis dans les papiers d'Alfred Tonnellé (un volume in-8°).—Rien n'est plus rare à trouver qu'un bon livre où les arts sont l'objet d'une étude intéressante et approfondie. Sur la musique surtout, il ne se publie guère que des historiettes, des biographies d'artistes contemporains, ou des ouvrages purement scolastiques. C'est souvent dans les poëtes, dans les philosophes ou dans les livres de haute critique qu'on trouve de nobles pensées, des vues profondes sur les grands maîtres et sur le caractère de l'œuvre qu'ils ont accomplie. Ces réflexions nous sont suggérées par l'ouvrage dont nous allons parler, pieux testament d'un jeune homme qui est mort à la fleur de l'âge. J'ai entrevu un moment Alfred Tonnellé alors qu'il habitait Paris vers 1851. C'était une noble nature entièrement dévouée au culte des belles choses, à l'amour des lettres et des hautes doctrines. Né à Tours, le 5 décembre 1831, Alfred Tonnellé reçut avec la vie les aptitudes les plus merveilleuses. Son grand-père avait été un médecin distingué, et son père était membre correspondant de l'Académie de médecine de Paris. L'enfant reçut une bonne éducation et révéla de très-bonne heure un goût prononcé pour l'étude, des langues surtout.

Il fit des progrès rapides dans le latin, et tout en suivant le cours des études classiques, il profita de la présence d'un Allemand dans sa ville natale pour apprendre la belle langue de Gœthe et de Schiller. Après avoir terminé sa rhétorique, Alfred Tonnellé fut envoyé à Paris, où il acheva ses études classiques au collège Louis-le-Grand. Il remporta le prix de dissertation latine au concours général de l'année 1850. Sorti du collège, Alfred Tonnellé s'éprit d'une grande passion pour la philosophie et pour les arts dont il appréciait les diverses formes.—La passion du beau, dit M. Heinrich, le maître et l'ami d'Alfred Tonnellé, dont il a recueilli les souvenirs, manifesté par la peinture, la sculpture, la musique, posséda complétement cette âme, si admirablement organisée pour sentir tout ce qui pouvait l'élever au-dessus du vulgaire. Alfred avait commencé, comme tant d'autres enfants, l'étude du piano; mais à l'âge d'homme, ce fut le sens de la musique, dans la plus large acception du mot, qui s'éveilla en lui. La délicatesse extrême de son goût si fin et si pur le rendit bientôt très-sévère pour lui-même. S'interdisant toute étude de fantaisie, il s'attacha exclusivement aux maîtres classiques, et par-dessus tout aux allemands, dont il préférait les profondeurs de sentiment et l'exquise sensibilité, à la brillante facilité des Italiens. Mozart et Beethoven étaient ses auteurs favoris.

« Un peu plus tard, il s'occupa aussi de l'histoire si curieuse de cet art; les plus vieux maîtres, consciencieusement étudiés, acquirent du prix à ses yeux. Il était charmé de la sobre grandeur et du large style de Gluck; mais surtout il s'éprit de Bach, et quelques-unes de ses pensées sur l'art témoignent de son admiration pour ce grand génie. Aussi s'empressa-t-il de s'associer à sa mémoire, et il fut l'un des rares souscripteurs de la grande édition de Bach, qui se publie actuellement à Leipzig. »

Après avoir fait plusieurs voyages en Angleterre et en Allemagne, d'où il rapporta une ample moisson de documents et d'observations, Tonnellé fit une excursion dans le midi de la France. Arrivé à Marseille, il sentit les premiers symptômes d'une maladie assez grave, qui le décida à rebrousser chemin. Peu de temps après son retour dans sa famille, une fièvre typhoïde se déclara et l'enleva à ses amis désolés. Il est mort à Tours, le 4 octobre 1858, âgé à peine de vingt-sept ans.

Dans une lettre adressée par M. l'abbé Gratry à

M. Heinrich, qui l'a insérée en tête du volume dont nous nous occupons, on y remarque le passage suivant : « Que votre carrière, Alfred, soit la recherche de la vérité dans toutes les directions de l'esprit, pendant une vie tout entière. Soyez un serviteur de la vérité seule. Mais il vous faudra pour cela bien du courage et bien du travail. Tâchez de tout savoir, tout ce qu'on peut savoir aujourd'hui; mais, au lieu de vous disperser, ne laissez jamais votre cœur et votre foi pour courir aux curiosités de l'esprit ou à ses gloires. Restez profond par l'amour et par l'humilité. C'est là le secret de donner sa vraie séve à l'esprit. Développez en vous le plus grand des arts, l'art d'écrire et de parler. *La musique, que vous sentez si bien, est le plus merveilleux modèle de l'art d'exprimer l'âme et la pensée. Elle doit servir de type à l'écrivain et à l'orateur. Ne la laissez jamais, puisque d'ailleurs c'est une prière.* » Voilà les nobles paroles d'un prêtre éloquent, qui ne pense pas, lui, comme tant de sophistes et de petits esprits, que la musique est un art futile et inférieur, qui corrompt l'âme et affaiblit les caractères de ceux qui la cultivent et qui l'aiment.

Pour donner une idée de l'élévation d'esprit, du goût et des vues justes, profondes, mais un peu vagues, que Tonnellé avait sur les arts et sur la musique religieuse en particulier, je vais mettre sous les yeux des lecteurs une page remarquable où ce jeune homme de vingt-sept ans juge les plus grands musiciens de l'Allemagne. On verra que malgré les connaissances réelles que possédait le jeune Tonnellé en musique, il se paya souvent de raisons équivoques, et qu'il reste toujours un amateur distingué qui ne plonge pas son regard jusqu'à l'essence de l'art dont il parle si bien.

« Bach et Hændel représentent tous deux l'orthodoxie de la foi protestante, avec son esprit de libre soumission, sa gravité, son élévation morale. Hændel est plus biblique, comme le puritanisme anglais ; Bach, plus évangélique, et pour ainsi dire, plus ecclésiastique. *Le Messie, la Passion*, rien que dans le choix des titres, Hændel est plus biblique, Bach plus chrétien. Hændel traite surtout les sujets de l'Ancien Testament ; il en reproduit la majesté et l'ampleur ; il exprime plutôt la conception juive du Dieu ineffable, inabordable, jaloux, la grandeur héroïque du Dieu chef d'Israël, plutôt que la tendre dévotion et l'onction chrétienne.

« Bach, au contraire, est tout chrétien : *la Passion, la Nativité*, des cantates pour toutes les fêtes de l'année chrétienne, pour tous les événements de l'Évangile. Il représente admirablement la vieille piété de l'Allemagne d'autrefois, la solidité dans la foi ; il est sain et ferme, sérieusement et fortement attaché aux vérités de la révélation comme aux règles rigoureuses de son art, qu'il manie avec puissance et conviction, comme aux bonnes et anciennes mœurs et au sévère esprit de famille. Dans sa piété protestante, mélange de gravité, d'austérité, *d'innigkeit, d'innerlichkeit,* quelque chose d'abstrait; l'homme se soumet librement à une vérité reconnue et acceptée; la soumission est réfléchie et raisonnée; la piété est indépendante des sens. » Il y a bien un peu de vague dans ces considérations, qui sont plus philosophiques que musicales, et, avec une pareille manière de voir, on trouve facilement tout ce qu'on désire dans toutes les manifestations de l'art.

« Haydn et Mozart, dit-il encore, c'est la foi catholique, c'est la soumission naïve et spontanée, c'est la dévotion tendre et vive, l'homme s'élevant à Dieu, non-seulement par l'intelligence, mais s'approchant de lui avec tout son être, son être intérieur et sensible, son imagination, ses passions, ses faiblesses même; une préoccupation plus grande de l'amour qui couvre les péchés, que de la sévérité de la loi morale. » Ceci est un peu fort de théologie, et Tonnellé abuse des lieux communs métaphysiques qui n'expliquent rien.

« Haydn, ajoute-t-il, c'est l'abandon d'un enfant, Dieu considéré comme un bon père; une piété sereine et calme, mais pas d'élévation métaphysique. Quand on lui demandait pourquoi sa musique religieuse était toujours si joyeuse et si confiante, il répondait qu'il concevait Dieu surtout comme un être infiniment grand et infiniment bon, et que cette dernière pensée lui donnait tant de confiance et de joie, qu'il mettrait en *tempo allegro* jusqu'au *Miserere*.

« Mozart s'élève tendrement et humblement à Dieu;

comme vers la source d'amour, de grâce et de pardon; conservant sa pieuse croyance sans toujours y conformer sa vie, au milieu des faiblesses et des dissipations du monde, et restant attaché à Dieu par le fond intime du cœur, qui a besoin de croire, d'adorer, d'aimer, de trouver un appui et une âme si inépuisable. Son *Requiem,* sa préoccupation de la mort et du jugement, ses messes, ce tendre *Agnus Dei, qui tollis peccata mundi;* ses luttes si vives contre le doute, mais dans l'intérieur de la foi, contre la tentation; enfin, son *Ave verum,* cet amour prosterné devant le mystère. »

« Beethoven, profondément religieux, mais penseur, rêveur, concevant Dieu d'une façon élevée, philosophique, métaphysique. Ame inquiète et luttant contre le doute ; voulant croire, et cherchant pour cela à ne pas arrêter son esprit sur les objets de sa foi. Il disait que la religion était comme la *base fondamentale,* et n'en voulait jamais parler. C'est l'opposé de Bach ; il est assailli de doutes et d'inquiétudes sur les fondements même de son art comme sur les questions religieuses (ceci me paraît bien absurde!); plein d'une recherche ardente, passionnée, désespérée, de la vérité, de la lumière, de la beauté, avec un esprit sincère et droit, un cœur noble et troublé. Sa vie contemplative et renfermée en elle-même, sa chasteté, son besoin d'aimer contenu, ses aspirations à l'idéal. »

« Mendelssohn, esprit critique et éclectique en matière religieuse comme en toutes choses ; un juif éclairé et cultivé du XIXᵉ siècle ; sentant la haute convenance morale du sentiment religieux, la part de valeur esthétique et morale de chacune des formes religieuses existantes, et l'exprimant d'une manière noble, épurée, distinguée, indépendamment de toute forme déterminée, mais qui manque de racines profondes. »

Ces belles pensées sur les grands musiciens de l'Allemagne sont un peu vagues, comme nous l'avons déjà remarqué, et elles accusent un esprit plus littéraire et philosophique que musical. On sent bien que l'écrivain est surtout préoccupé de la partie morale des arts, et qu'il n'envisage l'œuvre d'un maître que par le côté esthétique et général. On voudrait plus de précision dans la définition du génie et dans l'appréciation de son œuvre, surtout quand il s'agit de l'œuvre immense et si diverse d'un Beethoven! Quoi qu'il en soit de ces réserves, Tonnellé était une nature supérieure. Doué des plus nobles facultés, écrivain, penseur, artiste, il pouvait toucher à tout, et rien n'était inaccessible à sa vive et profonde intelligence. Je terminerai ces communications en citant encore d'Alfred Tonnellé une jolie définition de la fugue, qui se trouve page 668 de l'intéressant volume qui vient de nous occuper.

« Que ce genre de composition est beau quand il est traité par un homme de génie, qui lui donne l'intérêt de la vie et du chant! Alors, il entraîne irrésistiblement l'auditeur, sans le laisser respirer; jusqu'à la dernière note. Une belle fugue est comme une page forte et serrée de Bourdaloue, ou comme une véhémente harangue de Démosthène, aux arguments puissamment enchaînés, au style sévère et pressant. La fugue est le genre oratoire de la musique; c'est de la prose, mais c'est aussi de l'éloquence.

« Bach a porté dans la fugue une verve étonnante, et cette verve rapide est accrue et comme précipitée encore par les rigoureuses entraves dans lesquelles elle est renfermée et contenue; comme un fleuve impétueux maintenu entre de fortes digues se gonfle et s'élance d'un cours plus irrésistible. Je me figure, malgré moi, le vieux Bach comme on dit qu'était Herrera le Vieux, quand il peignait à coups de balai, obéissant à une sorte d'énergie sauvage, farouche et terrible à servante, femme, enfants, à tous ceux qui l'approchaient, dans les moments où sa verve fougueuse l'entraînait. Quel homme, quelle tête que Bach! C'est la fougue de Weber dans ses plus beaux moments, avec un style plus fort et bien plus serré. Quelle puissance, quelle vigueur de conception! Il y a en lui du Bossuet et de l'Aristote. (C'est beaucoup dire!) Pour moi, Bach grandit à chaque nouvelle page de lui que je connais. Comme force de génie, je ne mets personne au-dessus de lui. »

Biographie universelle des musiciens et bibliographie générale de la musique, deuxième édition, tome quatrième; par M. Fétis, directeur du Conservatoire royal de musique de Bruxelles. — M. Fétis continue courageusement la publication du grand ouvrage que nous annonçons, et qui sera, nous l'avons dit bien souvent, le monument de sa vie. Nous avons parlé successivement des trois volumes qui ont déjà paru, et nous avons jugé l'immense travail du savant biographe avec l'estime que nous professons depuis longtemps pour un écrivain qui a fondé, en France, la vraie critique de l'art musical. Le quatrième volume de la *Biographie universelle* que nous annonçons cette année contient les lettres *G, H, J,* et le commencement de la lettre *K*. On y remarque les articles sur *Glareau*, théoricien du xvie siècle, *Glinka*, compositeur russe, *Gluck*, dont la biographie est améliorée par des renseignements plus précis; *Gombert*, musicien belge de la première moitié du xvie siècle, *Goudimel*, maître de Palestrina, *Grandi* (Alexandre), célèbre compositeur de musique religieuse au commencement du xviie siècle. Il était né à Venise et fut élève du célèbre Jean Gabrielli. *Grégoire le Grand*, pape, dont l'article est fort intéressant pour l'histoire du chant ecclésiastique; *Guerrero*, compositeur espagnol du xvie siècle, et surtout *Guido d'Arezzo*, fameux moine italien du xie siècle, sur lequel il existait tant de contes fabuleux. Je citerai encore les noms de *Gusikow*, musicien russe de notre temps, qui jouait de l'instrument connu sous le nom de *jerova i salamo*; *Gyrowetz*, compositeur né en Bohême, qui écrivit un nombre considérable d'opéras, et qui est mort en 1850; enfin, l'article sur *Hændel*, qui est très-remarquable et rempli de nouveaux détails qui ne sont pas dans la première édition. Comme je trouve dans ce quatrième volume les qualités et les défauts que j'ai dû signaler dans tous les tomes précédents, je pense qu'on me saura gré de reproduire cette année les réflexions que j'ai émises sur les volumes déjà parus.—«Malgré sa vaste érudition, l'auteur de la *Bibliographie universelle des musiciens* n'est pas infaillible. Il lui échappe de nombreuses inexactitudes, surtout en ce qui touche les artistes contemporains. Il nous semble que M. Fétis ne s'est pas bien posé la règle qui doit le guider dans le choix des noms des artistes encore vivants, qu'il peut admettre dans son temple de mémoire. Il est évident que, sur cinquante mille artistes, peut-être, qui cultivent la musique, tant en Europe que dans les autres parties du monde, il peut choisir ceux qui sont dignes de laisser un souvenir à la postérité. Deux considérations, ce me semble, doivent guider l'historien sur le choix de ses élus : le mérite réel de l'artiste et de l'œuvre qu'il a produite, ou la notoriété plus ou moins grande, bonne ou mauvaise, dont il est entouré. Lorsqu'il s'agit de génies comme Beethoven, Mozart, Haydn, Rossini, tout est précieux dans leur vie, et leur œuvre tout entier doit être recueilli avec respect. Mais, est-il bien utile de consigner dans l'histoire la moindre bribe de musique, la valse, le pot-pourri, qu'aura fait graver le premier professeur de piano ou de flûte qu'on aura sous la main? Pourquoi un savant écrivain comme M. Fétis nous donne-t-il, trop souvent, la biographie détaillée de tel petit artiste qui n'a d'autre mérite que de vivre de son métier? Il est évident que le savant écrivain subit trop facilement l'influence fâcheuse des relations sociales, et, s'il n'y prend garde, le livre qui doit faire vivre son nom sera promptement déconsidéré, surtout en ce qui touche l'appréciation des artistes contemporains. Personne n'estime plus que nous les travaux, le grand savoir et la haute intelligence de M. Fétis, et, c'est parce que nous avons cette juste opinion de son mérite, que nous nous croyons obligé de relever les taches qui déparent le beau et grand travail qui doit couronner la vie féconde de ce savant écrivain. »

On voit par le jugement que nous avons reproduit que M. Fétis n'a point à se plaindre de notre équité, et qu'il y a longtemps que nous nous sommes fait un devoir de rendre à ses travaux la justice qui leur est due. Mais la justice n'est pas la complaisance, et nous ne laisserons pas ignorer à M. Fétis qu'il y a dans le quatrième volume de sa *Biographie universelle* tel article fastidieux de *quatorze colonnes* consacré tout entier à un compilateur indigeste de puérilités historiques, dont il ne peut s'excuser. Il est inouï qu'on écrive dans la biographie d'un homme médiocre, dont personne ne s'occupe, les lignes suivantes : « Femme distinguée par les qualités de cœur et de l'esprit, et dont l'instruction variée est supérieure à celle de la plupart de son sexe qui se sont fait un nom dans la littérature.

« Madame..... a cultivé les arts avec amour depuis sa première jeunesse. Fille..... elle n'a pas cherché dans les avantages de la fortune les jouissances de la vanité ; c'est dans sa famille qu'elle a placé les siennes. S'associant aux travaux de son mari, elle y prend un vif intérêt et trouve son bonheur dans l'estime accordée à ses ouvrages ainsi qu'à son caractère. » Le sentiment est une bonne chose, mais il faut qu'il soit à sa place. C'est tout au plus si un biographe sérieux pourrait s'exprimer ainsi sur la femme d'un grand artiste ou d'un écrivain éminent, dont les travaux feraient l'objet de l'admiration du monde.

A travers chants, études musicales, adorations, boutades et critiques, un vol. in-18, par M. Hector Berlioz. —Voici un petit livre au titre pittoresque où un homme d'esprit et d'imagination parle de musique sur tous les tons et dans toutes les clefs. On sait que M. Berlioz ne fait rien comme les autres, et qu'il lui faut de l'originalité quand même ; s'il ne peut l'atteindre, cette divinité jalouse, par le droit chemin de l'inspiration et du bon goût, il la poursuit alors à *travers chants,* où il n'attrape souvent que la singularité. Le volume dont nous nous occupons est comme tous ceux que M. Berlioz a publiés jusqu'ici, le résumé d'un certain nombre d'articles qui ont paru soit dans le *Journal des Débats,* soit dans d'autres organes périodiques[1]. Cette manière de faire des livres en réunissant au bout de quelques années les travaux divers qu'on jette successivement dans la presse quotidienne, ce grand champ de bataille de l'esprit moderne, est un besoin de notre époque qui a donné naissance à toute une littérature à la fois solide, intéressante et très-variée. Il est tout naturel qu'un écrivain, qu'un artiste, qu'un philosophe ou qu'un publiciste qui dépense sa vie et use ses facultés à répandre dans les journaux et dans les revues des vérités utiles, de nobles sentiments, des pensées généreuses et fécondes, tienne à ne pas laisser périr et veuille sauver de l'oubli ces témoignages de son activité. C'est ainsi, après tout, que s'amassent les éléments de l'histoire, c'est avec les impressions, avec les jugements et les souvenirs des générations contemporaines que la postérité juge ensuite les temps et les siècles qui ne sont plus, et que se forme la grande histoire de l'humanité. Dans ce genre fort estimé qu'on appelait autrefois des *mélanges*, nous possédons de nos jours une masse d'ouvrages et de travaux divers qui touchent à toutes les connaissances humaines, et qui forment comme une branche nouvelle de la littérature française. On ne peut citer rien de plus remarquable dans ce genre de livres, nés du journalisme, que les *Causeries* de M. Sainte-Beuve,

---

1. *Voyage musical en Allemagne et en Italie*, 2 volumes in-8° publiés en 1844. — *Les Soirées de l'orchestre*, 1 vol. in-18. — *Les grotesques de la musique*, in-18.

travail prodigieux d'un esprit incomparable à qui il ne manque que ce qui constitue la vie d'un être : l'affirmation ou la *foi* dans la haute acception de ce mot.

Il y a un peu de tout, dans le petit livre que M. Berlioz a publié cette année. On y trouve de l'imagination, de l'entrain, de la gaieté un peu forcée, des élans lyriques, des bouffonneries shakspeariennes, et quelquefois de bonnes paroles et des jugements sains. M. Berlioz ne comprend, n'estime que deux genres de musique : le drame lyrique et la symphonie. Gluck, Beethoven, Weber et Spontini, voilà ses grands dieux, et tout le reste n'existe pas pour lui. M. Berlioz ne sait rien des origines de la musique; il ignore le mérite des écoles primitives et la puissance de ces initiateurs naïfs, qui, ainsi que Cimabue et Giotto, dans la peinture, ont formé la langue de l'art et préparé la voie aux Raphaël et aux Michel-Ange. Homme de son temps, plongé tout entier dans le courant troublé du romantisme, M. Berlioz dédaigne profondément l'école italienne, qu'il connaît aussi peu que les maîtres allemands qui ont précédé Haydn et Mozart. Je doute aussi que M. Berlioz estime beaucoup le grand Sébastien Bach, ce colosse du nord, qui a forgé de sa main puissante tous les rhythmes, toutes les harmonies profondes qui circulent dans les œuvres idéales des compositeurs de la nouvelle école allemande. En général, M. Berlioz n'a pas l'esprit critique. Il ne juge pas, il affirme, il aime, il hait, il pleure et il rit sans s'occuper de la cause qui produit l'émotion qu'il éprouve. Il écrit comme il compose, avec ardeur et passion; il se manifeste, il se révèle avec une vivacité d'allure qui ne manque pas parfois de charme. C'est une individualité curieuse que M. Berlioz, un mélange singulier d'imagination lyrique, d'esprit narquois, de hardiesse dans la conception et de timidité dans la réalisation du rêve. Aucun ouvrage de M. Berlioz n'a donné une idée suffisante de la diversité de ses aptitudes. Ses symphonies sont, comme ses livres et comme ses feuilletons, remplies d'éclairs et de fumée, de témérités réussies dans les détails et de faiblesses dans la conception de l'idée, où manque le plan, l'inspiration naïve et la forme souveraine qui perpétue la vie et la passion de l'artiste et de l'écrivain.

Le petit livre de M. Berlioz, qui renferme plusieurs articles intéressants, débute par une définition de la musique.—« La musique, dit-il, est à la fois un sentiment et une science. Elle exige de l'art de celui qui la cultive, une inspiration naturelle et des connaissances qui ne s'acquièrent que par de longues études et de profondes méditations. La réunion du savoir et de l'inspiration constitue l'art. » On peut répondre à M. Berlioz que tous les arts exigent les mêmes conditions, et que dans aucun on ne peut réussir si l'inspiration n'est pas fortifiée par la connaissance des moyens matériels qui constituent le métier. Fidèle aux doctrines exclusives d'une école qui a toujours dédaigné le sens commun et l'instinct devinateur des hommes, M. Berlioz refuse au peuple la faculté de comprendre la musique : — « Ne sait on pas, dit-il, que le sens musical se développe par l'exercice ? que certaines affections de l'âme, très-actives chez quelques individus, le sont fort peu chez beaucoup d'autres ? que la sensibilité nerveuse est en quelque sorte le *partage des classes élevées* de la société, quand les classes inférieures, soit à cause des travaux manuels auxquels elles se livrent, soit *pour toute autre raison* (ceci est naïf!), en sont à peu près dépourvues ? et n'est-ce pas parce que cette inégalité est incontestable et incontestée que nous avons si fort restreint, en définissant la musique, le nombre des hommes sur lesquels elle agit. » Tout ce raisonnement est spécieux. M. Berlioz confond ici la sensibilité organique dont les hommes et tous les êtres animés sont pourvus, avec la sensibilité exercée par la culture de l'esprit. La musique comme son, comme phénomène purement physique, frappe l'organe de tout le monde ; c'est l'étude, c'est l'expérience, c'est la vue ou l'audition fréquente des bons modèles qui disposent les classes supérieures à sentir et à comprendre les beautés intimes et profondes de la musique, aussi bien que celles de la poésie ou de la peinture. Aristote qui, dans ses problèmes, soulève la même question, y répond de la manière suivante : « Pourquoi tous les hommes aiment-ils le rhythme, le chant et en général la musique ? Peut-être parce que la nature elle-même nous dispose à aimer les mouvements harmonieux, et la preuve, c'est que, dès leur naissance, les petits enfants éprouvent ce plaisir. Mais *c'est l'habitude qui nous fait trouver du plaisir à la variété du chant.* Le rythme nous plaît, parce qu'il suit un nombre régulier et reconnaissable, parce qu'il transmet à notre âme des mouvements réguliers..... Nous aimons la musique parce que c'est une mélange d'éléments qui se correspondent entre eux selon certains rapports : or les rapports sont l'ordre, et l'ordre nous est naturellement agréable. « Je préfère l'explication du grand philosophe à la pointe d'esprit de M. Berlioz. A la fin de ce premier chapitre, l'auteur, qui s'était demandé si les anciens Grecs avaient eu une musique semblable à la nôtre, ajoute : « Notre musique contient celle des anciens, mais la leur ne contenait pas la nôtre ; c'est-à-dire, nous pouvons aisément reproduire les effets de leur musique, et de plus un nombre infini d'autres effets qu'elle n'a jamais connus, et qu'il était impossible de rendre. » Ceci est parfaitement juste, et les recherches historiques qui ont été faites depuis sur ce sujet si controversé ont donné raison à ceux qui pensent comme M. Berlioz.

Parmi les chapitres curieux et piquants du petit volume dont nous nous occupons, on peut citer l'article sur l'*état* actuel de l'art du chanteur, sur les grandes salles, sur l'abus des instruments à percussion, l'étude sur l'*Alceste* de Gluck, et surtout l'analyse des symphonies de Beethoven, le meilleur travail de critique qui soit sorti de la plume de M. Berlioz. Il dit, avec raison, des inconvénients qui résultent pour la musique des trop grandes salles : « Il est prouvé, il est certain que le son, pour agir musicalement sur l'organisation humaine, ne doit point partir d'un point trop éloigné de l'auditeur..... La musique doit être **entendue de près**; dans l'éloignement, son charme **principal disparaît.** (Pas toujours.) Le son, au delà d'une certaine distance, bien qu'on l'entende encore, est **comme une flamme** que l'on voit, mais dont on **ne sent pas la chaleur.** » Nous ne pouvons suivre davantage le spirituel écrivain dans les excellentes réflexions que lui inspire un sujet aussi important. Nous aimons mieux extraire du volume de M. Berlioz un passage remarquable sur la symphonie avec chœur de Beethoven. « *L'allegro maestozo,* dit-il page 52, écrit en *ré* mineur, commence cependant sur l'accord de *la*, sans la tierce, c'est-à-dire sur une tenue des notes *la*, *mi*, disposées en quintes, arpégées au-dessous pour les premiers violons, les altos et les contre-basses, de manière à ce que l'auditeur ignore s'il entend l'accord de *la* mineur, celui de *la* majeur, ou celui de la dominante de *ré*. Cette longue indécision de la tonalité donne beaucoup de force et un grand caractère à l'entrée du *tutti* sur l'accord de *ré* mineur. La péroraison contient des accents dont l'âme s'émeut tout entière; il est difficile d'entendre rien de plus profondément tragique que ce chant des instruments à vent sous lequel une phrase chromatique en *tremolo* des instruments à cordes s'enfle et s'élève peu à peu, en grondant comme la mer aux approches de l'orage. C'est là une magnifique inspiration. » En parlant d'un passage curieux de la quatrième partie de la symphonie avec chœur, M. Berlioz fait la remarque suivante : « Le premier accord est encore posé sur un *fa* qui est censé porter la tierce et la sixte, et qui la porte réellement ; mais cette fois l'auteur ne se contente pas de l'appoggiature *si bémol*, et y ajoute celles du *sol*... du *mi* et de l'*ut dièze*, de sorte que *toutes les notes de la gamme diatonique mineure* se trouvent frappées en même temps et produisent l'épouvantable assemblage de sons : *fa, la dièze, mi, sol, si bémol, ré.* » Voilà de bonne et solide critique qui doit toujours reposer, selon nous, sur la connaissance des artifices matériels qui servent à la manifestation des idées et sur l'étude du cœur humain. Rien n'est plus difficile que de juger les œuvres de l'art sans abuser du langage technique et sans se perdre dans une logomachie poétique qui ne dit rien de précis à l'esprit. Dans le petit ouvrage que nous venons d'apprécier et qui n'est pas exempt de ces défauts extrêmes, on trouve, au milieu de jugements et de faits contestables, quelques pages de saine critique qu'on lira avec plaisir et profit.

VII

NÉCROLOGIE. — FAITS DIVERS.

Halévy. — Lipinski. — Consul. — Proske. — Lenz. — Dancla. — Discours prononcé par M. le ministre d'État à la distribution des prix au Conservatoire. — Assemblée annuelle des artistes musiciens. — Fêtes musicales de Lille. — Festival de la ville de Cologne. — Concours des sociétés chorales à Bordeaux. — Festival de la ville de Bâle (Suisse). — Artistes musiciens qui ont été décorés. — Les divers emplacements du théâtre de l'Opéra.

La mort a frappé, cette année, un grand nombre de musiciens de tous les pays, parmi lesquels se trouve un compositeur illustre, *Halévy*, l'auteur de la *Juive* ! Il est mort à Nice le 17 mars, à trois heures du soir. Son corps a été transporté à Paris et déposé au palais de l'Institut, dont il était membre. Le 24 mars on a rendu le dernier hommage à cet homme éminent dont les dépouilles mortelles ont été suivies par une foule immense. Le cortége, parti du palais de l'Institut, a suivi les quais, la place de la Concorde et s'est rendu au cimetière Montmartre. Les cordons du char étaient tenus par M. Auber, MM. Couder, Ambroise Thomas et le baron Taylor. Au moment où le cercueil a été déposé près de la tombe, une tombe de famille, un chœur de deux cents voix, au moins, a chanté un psaume de David, en quatre versets, composée par quatre élèves d'Halévy : MM. Gounod, Massé, Bazin et Jules Cohen.

Après l'exécution de ces morceaux, sept discours ont été prononcés. Nous ne reproduirons ici que le discours de M. Ambroise Thomas, parce que nous y trouvons les indices d'un jugement sur l'œuvre d'Halévy que nous sommes loin de partager :

« Messieurs, si l'Institut regrette à si juste titre dans l'auteur de *la Juive* un de ses représentants et de ses organes les plus illustres, si le Conservatoire perd en lui une de ses lumières les plus éclatantes, la Société des auteurs et compositeurs dramatiques a le droit de le revendiquer comme une de ses gloires.

« Choisi par la commission pour apporter ici le tribut de ses regrets, j'ai moins consulté mes forces, en acceptant cet honneur, que mon désir de rendre un public hommage à celui dont le nom est dans tous les cœurs, comme ses œuvres sont dans toutes les mémoires.

« Vous le savez, messieurs, on ne parvient d'ordinaire au premier rang dans un art, qu'à la condition de s'y consacrer exclusivement, car la gloire est jalouse et ne se donne qu'à ceux qui se sont donnés à elle tout entiers.

« Halévy eut ce rare privilège de réunir en lui seul plusieurs hommes éminents. Compositeur illustre, maître dans son art, il fut en même temps écrivain supérieur, orateur ingénieux, causeur spirituel et brillant.

« Qui l'eût entendu dans le monde, sans le connaître, aurait cru avoir devant lui un de ces esprits aimables dont la seule ambition est de plaire un moment ; en écoutant ses lectures à l'Académie des beaux-arts, on se serait cru à l'Académie française ; mais en entendant ses œuvres dramatiques, on reconnaissait l'homme de génie. J'ai dit le mot *génie*, et je n'ai pas trop dit : imagination puissante, sentiment poétique, science profonde, il réunissait toutes les qualités qui donnent aux productions de l'art la vie et la grandeur.

« Plus de trente opéras composent l'œuvre dramatique d'Halévy, cette œuvre qui a jeté sur la scène française un éclat si vif et si durable.

« Élève de Cherubini, il fut le continuateur de sa belle école. Il a formé lui-même de nombreux disciples, dont quelques-uns ont conquis déjà une place élevée par de brillants succès ; et son enseignement, devenu aussi un de ses titres de gloire, exerce encore aujourd'hui, non moins que ses ouvrages, une haute et féconde influence sur l'art contemporain.

« Et cet homme éminent était aussi l'homme le plus simple. Quelle modestie toujours vraie ! quelle bienveillance sincère pour tous, pour ses émules comme pour ses élèves ! que de générosité, que de tendresse au fond de cette âme que les succès n'avaient jamais enivrée et que les critiques, même les plus injustes, n'ont jamais pu aigrir !

« Et maintenant, messieurs, me sera-t-il permis de parler des liens d'affection qui m'unissaient à ce grand artiste ?

« Si je n'ai pas eu l'honneur d'être son élève, il n'en fut pas moins pour moi un maître dont l'exemple m'a servi de guide et dont l'amitié m'a souvent soutenu.

« Oui, c'est un ami, ami bien cher que je pleure et que je regretterai toute ma vie !

« Ces regrets sont ceux de tous les artistes, ceux de la France entière, qui déjà nommait Halévy parmi ses plus hautes illustrations et qui lui décerne aujourd'hui une place que la postérité lui conservera. »

Comme il n'est pas encore temps, selon nous, de juger d'une manière calme et définitive l'œuvre considérable d'un grand artiste contemporain sur lequel il a été dit tant de paroles creuses et vaines, nous aimons mieux emprunter à une notice intéressante que M. Léon Halévy a publiée sur la vie et les travaux de son illustre frère, le récit touchant qu'on va lire :

« L'altération de ses traits, l'amoindrissement progressif de ses forces, avaient frappé tous ses amis. Un voyage dans le Midi fut ordonné par les médecins. Lui-même désigna Nice, et s'attacha avec une sorte d'obstination au choix de ce séjour. Il partit avec sa famille, le 23 décembre 1862. Peu de jours avant son départ, il avait écrit l'exposé sommaire et comme la préface d'un travail sur la *musique*, destiné à l'*Encyclopédie nouvelle*, ouvrage important, préparé, sous la direction de MM. Émile et Isaac Pereire, par une société de savants et d'écrivains. Nous détacherons le passage suivant de ce travail inconnu et qui ne sera jamais publié. Après avoir exposé que chaque peuple a possédé d'abord une musique qui lui était propre, sa musique nationale, sa musique *maternelle*, il ajoute :

« Faites entendre les airs écossais les plus chéris des *highlanders* aux *lazzaroni* de Naples ou de Palerme, ils n'y trouveront que des intonations incompréhensibles, barbares. Ce qui est populaire a des racines profondes et se transplante difficilement, et puis il faut le temps de l'acclimatation. Les trois branches principales de la musique européenne sont très-caractérisées ; chaque peuple aime de préférence sa musique parce qu'il l'a faite à son image.... Aujourd'hui, l'avenir de la musique n'est plus douteux. L'éducation musicale se complète dans tous les pays et dans toutes les classes de la société. La France seconde ce mouvement et lui donne une impulsion salutaire. L'harmonie n'est plus une science mystérieuse, réservée aux habiles ; elle se dévoile à tous. La musique sera bientôt ce qu'elle doit être, une poésie universellement comprise ; et déjà des beautés, réputées jusqu'à ce jour inaccessibles au vulgaire, se sont ouvert le chemin d'intelligences étonnées et charmées de ces jouissances nouvelles.... La peinture, l'architecture, la musique, tous les moyens dont l'homme dispose pour exprimer sa pensée ou lui donner un corps ont été soumis à des influences semblables, et ont reçu l'empreinte profonde des époques et des races. — Ces influences diverses n'ont jamais touché que l'aspect, l'apparence de l'art, sans s'attaquer au fond, qui est invulnérable, puisqu'il n'est autre que la pensée elle-même et le sentiment poétique que Dieu a mis dans nos cœurs. Elles s'exercent encore aujourd'hui; mais, grâce à la facilité merveilleuse des communications, elles n'ont plus rien d'exclusif; on les discute, mais on les admet... »

« Le séjour de Nice ne fut pas favorable à Halévy. Il y arriva fatigué du voyage, bien qu'il l'eût fait depuis Lyon à petites journées.... La mort lui arriva douce et calme. Peu de jours avant sa mort, quelques paroles, qui semblaient l'effet d'un délire passager, n'étaient qu'un résultat d'une modification soudaine dans sa manière de s'exprimer et de sentir. Lui qui, d'habitude, avait toujours mieux aimé parler philosophie, peinture, littérature, politique même, plutôt que musique, dans les derniers temps, au contraire, il employait de préférence les expressions et les images qui rappelaient l'art qu'il avait tant aimé, tant illustré. Un soir, il cherchait à prendre un livre placé sur une table un peu trop loin de sa main pour qu'il pût l'atteindre sans un effort qui l'eût fatigué : « N'est-ce pas que je ne fais rien dans le *ton*?... » Le matin même de sa mort, il fit une application plus bizarre et plus touchante encore de ce langage musical qui lui redevenait cher et familier. Il était assis sur son divan ; il voulait s'y étendre et reposer sa tête sur l'oreiller. Mais il n'y serait pas parvenu de lui-même, et il fallut l'aider : « Couchez-moi en *gamme*, dit-il à ses deux filles. » Elles le comprirent ; elles l'inclinèrent lentement et comme en mesure, et à chaque mouvement, il disait en souriant : *do, ré, mi, fa, sol, la,* jusqu'à ce que sa tête reposât sur le traversin.

« Je ne rappellerai pas l'impression profonde que produisit à Paris la nouvelle imprévue de la mort d'Halévy. Je ne dirai ni cette solennité du dernier jour, ni cette immense affluence, ni ces chants funèbres pour lesquels il semblait parler lui-même à la foule émue. Son buste, ouvrage de sa femme, qui a été couronné sur la scène le jour de la reprise de *la Juive ;* la récompense nationale décernée à sa veuve par l'État, et tant d'autres témoignages d'estime et de regret, prouvent la haute estime qu'on avait pour le talent et le caractère d'Halévy. »

Voici quels sont les ouvrages importants qui, selon nous, ont fondé la réputation d'Halévy :

La Juive, grand opéra en cinq actes, son chef-d'œuvre, représenté à l'Opéra le 23 février 1835.

L'Éclair, opéra-comique en trois actes, représenté le 16 décembre 1835.

Guido et Ginevra, ou *la Peste de Florence*, opéra en

cinq actes, représenté au commencement de l'année 1838.

La Reine de Chypre, opéra en cinq actes, représenté en 1841.

Charles VI, opéra en cinq actes de 1843.

Les Mousquetaires de la Reine, opéra-comique en trois actes, représenté en 1846.

Le Val d'Andorre, opéra-comique en trois actes, représenté en 1848.

—

LIPINSKI (Charles), violoniste célèbre, est mort dans le courant de l'année, dans sa maison de campagne, à Urlaw, âgé de soixante-et-onze ans. Il était né à Radzyn, en Pologne, au mois de novembre 1799. « Le premier instrument qu'il étudia, dit M. Fétis, fut le violoncelle. Plus tard, Lipinski abandonna le violoncelle pour le violon, sans autre maître que lui-même, en se proposant principalement d'atteindre dans son jeu la plus grande puissance de son possible. Ses études constantes lui firent résoudre ce problème. » Lipinski voyagea dans différents pays, en Italie, en Pologne et en Russie, et, en 1835, il vint à Paris « où son habileté, dit M. Fétis, ne produisit pas l'effet qu'il avait espéré. Après avoir visité l'Angleterre, il s'est rendu à Hambourg, en Danemark et enfin en Russie, où il était encore au mois de mars 1838. » Lipinski était surtout un excellent violoniste d'accompagnement et de quatuors; il a été attaché à la chapelle du roi de Saxe pendant plus de vingt ans.

—

Consul (M. J. Marie), professeur de chant italien qui était fixé à Paris depuis un grand nombre d'années, est mort dans cette ville dans le mois de février 1862. Il était âgé de soixante-treize ans. Piémontais de naissance, il était venu en France de très-bonne heure. Après avoir essayé du théâtre, je crois, il fut attaché à la chapelle des rois Louis XVIII et Charles X. C'était un homme de goût, modeste, laborieux, habile comme professeur de chant. Il a laissé plusieurs enfants, dont une fille a épousé le violoniste italien M. Seghicelli.

Proske (abbé).—Il est mort à Ratisbonne, où il habitait depuis longtemps, un certain abbé Proske qui a publié une collection précieuse de musique sacrée sous le titre de *Musica divina*. Il était né, assure-t-on, à Græbnig, en Silésie.

Joelluer (André).—Le 2 mars, il est mort dans la ville de Meiningen le directeur de la musique, André Joelluer. Il était âgé de cinquante-huit ans, et il avait composé la musique d'un grand nombre de chansons, dont quelques-unes ont eu du succès.

Lenz (Léopold).—Dans la *Revue et gazette musicale* de Paris, numéro du 29 juin, je trouve la note suivante : « L'ancien régisseur du théâtre de l'Opéra de Munich, Lenz, est mort dans cette ville, le 17 juin. Cet excellent compositeur, à qui ses *Lieders* ont valu une brillante réputation dans toute l'Allemagne, était né à Passau en 1804. Après avoir fait ses classes, Lenz, qui avait un extérieur agréable et qui possédait une belle voix de baryton, suivit la carrière dramatique et ne tarda pas à être attaché comme chanteur au théâtre de la cour. Il remplit, à ce théâtre, les fonctions de régisseur de 1837 à 1856. Plus tard, il fut nommé professeur au Conservatoire et au collége de Munich. C'est en 1826 que Lenz publia le premier recueil de *Lieders*, qui eurent le plus grand succès. Il a puisé le texte de ses mélodies dans les poëtes allemands et de préférence dans Gœthe. Ses *Lieders*, tirés de *Faust* et de *Wilhelm Meister*, sont devenus célèbres. Ses chants sur l'enfance (*Kenderlieder*) passent pour des chefs-d'œuvre. » « Chanteur agréable, dit M. Fétis dans la première édition de la *Biographie universelle des musiciens*, mais moins remarquable par son talent d'exécution que par les chansons allemandes qu'il a composées, il jouit d'une réputation méritée dans ce genre de musique. Ses productions ne se font pas seulement remarquer par l'élégance des mélodies et la justesse de l'expression, mais aussi par l'intérêt de l'accompagnement. Son premier recueil parut, en 1826, à Augsbourg, chez Combart. »

DANCLA (Arnaud).—La mort a frappé aussi cette année un membre de la famille Dancla. C'était un artiste honorable et distingué qui, après avoir remporté le premier prix au Conservatoire de Paris, a été premier violoncelle au théâtre de l'Opéra-Comique et membre de la Société des concerts. Il est mort à Bagnères-de-Bigorre, sa ville natale.

Faits divers.

CONSERVATOIRE IMPÉRIAL DE MUSIQUE ET DE DÉCLAMATION.

Séance solennelle présidée par M. le ministre d'État, comte Walewski.

A cette solennité, qui se présente tous les ans, le ministre qui a sous son autorité le département des beaux-arts a prononcé le discours que nous allons reproduire.

« Jeunes élèves,

« S'il est un art essentiellement français, s'il est un goût commun à toute la nation, c'est l'art, c'est le goût du théâtre ; et qui aime le théâtre s'intéresse à vos études.

« Chaque année, l'empressement redouble autour de vos exercices ; une curiosité pleine de sympathie se porte au-devant de vos concours ; les débuts, qui se faisaient jadis sur le théâtre, se font en réalité dans cette enceinte ; c'est ici que vous êtes entendus, que vous êtes jugés, que vous êtes choisis pour la scène : vos concours sont de véritables débuts.

« Les concours qui viennent d'avoir lieu ont été satisfaisants dans presque toutes les classes. J'en félicite les lauréats, j'en félicite aussi leurs émules moins heureux; car ils ont vaillamment disputé ce qu'ils n'ont pu obtenir, et c'est la force des vaincus qui fait le mérite de la victoire.

« Si le concours des classes de déclamations n'a pas été aussi heureux dans ses résultats, il serait injuste d'en induire que les études périclitent : la fortune des concours est journalière; un morceau mal choisi, des études commencées dans un sens, dirigées vers un autre, peuvent tromper les prévisions. Il ne faut pas en tirer de mauvais présages, et je me plais à constater, au contraire, que nulle part, pas plus ici qu'au delà de cette enceinte, les interprètes ne manquent à leur tâche. Les talents hors ligne sont devenus rares, à la vérité, mais, par contre, le niveau s'est élevé : moins d'artistes supérieurs, mais un plus grand nombre de bons artistes. Ce que la représentation a pu perdre dans certaines parties, elle l'a regagné dans son ensemble; un accord mieux établi entre les acteurs règle leur jeu, concerte leurs mouvements, de manière à faire ressortir toutes les nuances d'une situation et à en tirer ces effets saisissants dont les étrangers viennent étudier et admirer la précision et la certitude.

« Le Théâtre-Français, secondé par des artistes

maîtres dans leur art, n'a pas cessé de s'appliquer à maintenir cette tradition générale de goût, de mesure, de distinction, de vérité, d'enjouement, d'observation, qui a contribué si puissamment à placer au premier rang l'art dramatique français.

« Si donc il était vrai que le théâtre fût en souffrance, il faudrait en chercher la cause ailleurs; et, puisque j'ai l'occasion d'en parler ici, je dirai ma pensée tout entière.

« La fortune du théâtre se compose de trois éléments qui agissent réciproquement l'un sur l'autre : auteur, acteur et spectateur. Les auteurs et les acteurs (dans un ordre supérieur) ne viennent pas sans un mouvement général des esprits qui les précède, sans un public qui les forme et sur lequel ils réagissent à leur tour. Ce qui a fait la supériorité de l'art dramatique français, ce ne sont pas seulement les grands poëtes qui ont marqué son avénement et les artistes éminents qui leur ont servi d'interprètes, c'est encore et c'est peut-être surtout le public français.

« En Espagne, en Angleterre, en Italie, il s'est rencontré de grands maîtres, des génies que la France elle-même a glorifiés, des chefs-d'œuvre qui sont entrés, suivant une heureuse expression de Talma, dans son répertoire sacré; mais, nulle part, le théâtre n'a eu cette suite, cette tradition qu'il a parmi nous; nulle part il n'a été étudié, discuté, apprécié comme en France; nulle part il n'a été, au même degré, la curiosité de tout le monde, la grande affaire de la critique : nulle part, en un mot, il n'a été aussi directement sous la surveillance de l'esprit public.

« Pour plaire à cet esprit public, c'est-à-dire l'esprit français lui-même, il fallait que le théâtre en prît la forme, la mesure, qu'il ne donnât pas plus que lui dans l'exagération, qu'il sût se contenir et se borner, déterminer ses propres limites, s'arrêter dans la tragédie et le drame avant l'horreur et l'angoisse, dans la comédie avant le burlesque et la trivialité ; tout équilibrer, combiner le bon sens, la verve et la raison, la passion et la logique ; il fallait que l'auteur ne s'adressât qu'à l'intelligence, qu'il instruisît en divertissant, qu'il n'entreprit ni de faire pleurer ni de faire rire sans prouver une vérité morale, sans ajouter une nouvelle étude du cœur humain au répertoire déjà si riche de notre littérature dramatique.

« De là cette prééminence trop bien établie pour que nous en puissions déchoir en un jour. A l'heure qu'il est, toutes les capitales de l'Europe sont encore tributaires de notre production dramatique ; partout où il y a une salle de spectacle, il y a une pièce française qui se représente soit en français, soit loyalement traduite, soit imitée et déguisée.

« Malheureusement, il se manifeste depuis quelque temps une tendance à s'écarter des anciennes voies : à l'art de conduire une scène, de combiner une intrigue, d'écrire une pièce, a succédé celui d'exploiter le théâtre et d'obtenir des succès éphémères aux dépens de la raison, de la morale, du goût, en un mot, aux dépens de l'art. Dans ce genre d'exploitation, l'esprit délicat pourrait être incommode, on le laisse au milieu du chemin ; on attire le spectateur par tous les genres de tentation; on ne lui offre plus les plaisirs de l'esprit, ce n'est plus à l'intelligence mais aux sens qu'on s'adresse, soit qu'on entasse sans préparation les grands effets de scène, soit qu'on éveille les curiosités malséantes, qu'on les aiguillonne par le scandale, l'immoralité des situations et la vivacité des peintures.

« Des succès obtenus à ce prix ne sauraient être de longue durée ; le sentiment universel se révolte, et s'il ne se révoltait pas, ce ne serait pas seulement le théâtre, ce serait la société qui serait en péril avec lui. Conjurons ce péril ; unissons nos efforts pour arrêter l'art dramatique sur la pente fatale où des esprits avides et imprévoyants tendent à le placer ; auteurs, artistes, public, y sont également intéressés. C'est le devoir de l'État de moraliser le théâtre au nom de la société, afin de moraliser la société par le théâtre.

« Je sais bien qu'on répète incessamment que le théâtre est le miroir de la vie humaine. Oui, sans doute; mais s'il est une existence furtive qui se cache, qui se dérobe à la lumière, le miroir du théâtre n'est pas fait pour la refléter. A l'origine, le miroir ne reflétait pas même la maison intérieure : le poëte ne le présentait guère qu'à la place publique; c'était dans la rue que se passait l'action de la comédie, tant il est vrai que cette image de la vie ne devait rien montrer que ce que la vie elle-même montre au grand jour; tant il eût semblé étrange de convoquer ce qu'on appelle expressément le public, de le réunir solennellement au théâtre pour y donner en spectacle ce qui, dans la vie réelle, reste couvert d'un voile épais, d'un voile que les convenances aussi bien que la morale ne permettent pas de soulever.

« On dit encore que le théâtre est la peinture des mœurs; mais que penserait-on d'un peintre qui voudrait pousser la vérité jusqu'à reproduire sur la toile les objets qui répugnent à la vue et dont les yeux se détournent instinctivement?

« Respect au public, respect aux honnêtes gens assemblés, respect à la société et à la famille! — L'art est mort dès qu'il tombe dans une indigne licence;— sauvons donc le respect, avant de sauver l'art lui-même.

« Telle doit être aussi la mission de la censure dramatique. La liberté au théâtre, dans l'ordre des choses politiques, n'a rien de bien inquiétant, et, pour ma part, je serais plus disposé à l'élargir qu'à la restreindre; mais on ne saurait être trop sévère à tout ce qui touche les mœurs, à tout ce qui tend à rendre le vice séduisant en le présentant sous un jour trompeur, et à constituer, pour ainsi dire, à l'état de mœurs publiques et avouées, les écarts et les faiblesses de l'humanité. Si le beau est la splendeur et le rayonnement du bien, comme l'a dit Platon, cherchons d'abord le bien pour en faire rayonner le beau.

« Je ne terminerai pas, messieurs, sans prononcer un nom qui vous est cher à tous. L'année dernière, c'était Scribe que la mort avait surpris inopinément au milieu de ses travaux et de ses succès ; cette année, c'est Halévy dont elle épuise le dernier souffle sur une dernière partition digne de ses plus belles. Ainsi, les deux auteurs de *la Juive* ont disparu du milieu de nous, mais ils ont laissé derrière eux un de ces chefs-d'œuvre impérissables comme l'esprit qui les a créés. S'ils manquent au théâtre dont ils ont été la gloire, la gloire ne leur manque pas à eux-mêmes, et leurs funérailles ont ressemblé à des triomphes.

« Car c'est là le caractère de la mort pour les hommes illustres : elle est la suprême récompense de leur vie et le trait le plus saisissant dont leur exemple puisse frapper votre émulation. Elle vous dit qu'il est bon de s'être dévoué au travail, de lui avoir donné ses jours sans les compter, d'avoir été une des hautes intelligences de son siècle, une âme douce et loyale, supérieure et excellente à la fois, un homme éminent dans un honnête homme. Elle vous dit que rien n'est perdu, que le pays a la mémoire fidèle, et que ceux qu'on laisse après soi en recueillent le témoignage éclatant.

« Est-il besoin de rappeler que l'empereur, qui honore les arts autant qu'il les aime, a voulu placer la veuve de l'auteur de *la Juive* sur le même niveau que les veuves de Cuvier, de Champollion, de Burnouf, et que les grands corps de l'État se sont associés à cette généreuse pensée ?

« Ah ! messieurs, lorsqu'on voit les grands compositeurs, les grands peintres, les grands artistes, en un mot, jouir des mêmes honneurs, être appelés aux mêmes distinctions que ceux qui gagnent des batailles, que ceux qui ont la charge des affaires publiques, que ceux enfin qui illustrent la science par d'importantes découvertes, on doit se sentir rassuré ; les arts ne pouvent que prospérer et fleurir sous un règne où une si large part leur est faite et où les encouragements leur sont si noblement prodigués. »

Ce discours terminé, les lauréats sont venus recevoir des mains du ministre le brevet qui constate leur victoire, en attendant qu'on puisse leur donner les instruments ou la musique, les livres ou les médailles auxquels cette victoire leur donne droit.

ASSOCIATION DES ARTISTES MUSICIENS EN FRANCE.
ASSEMBLÉE ANNUELLE.

Cette grande association des artistes musiciens, fondée par M. le baron Taylor, en 1843, est aujourd'hui dans une véritable prospérité, ainsi qu'on peut s'en assurer en lisant le rapport d'où nous allons extraire quelques passages importants. Nous tenons ces détails de la *Revue et Gazette musicale* de Paris, numéro du 25 mai.

« Les cotisations, tant de Paris que des départements, ont produit 22,332 fr. 45 c. en 1861. Dans le courant de la même année, 28,268 fr. 30 c. ont été répartis entre cent quatre-vingts sociétaires environ.

« Permettez-nous d'attirer un instant votre attention sur ces chiffres, dont le rapprochement est significatif. Aux termes exprès des statuts qui nous régissent, toutes les recettes devant être capitalisées, et les revenus seuls être employés en secours et pensions, la somme dont votre comité pouvait disposer pour cet usage était naturellement, à l'origine de la Société, très-inférieure à celle que les cotisations produisaient. Les sociétaires donnaient alors plus qu'ils ne recevaient. Mais, d'année en année, l'écart entre le produit des cotisations et le revenu diminua, puis disparut entièrement ; puis le revenu devint à son tour supérieur aux cotisations. Cette situation nouvelle, inaugurée en 1857, nous est acquise d'une manière définitive. Nous voyons, dans l'exercice dernier, le chiffre des secours et pensions dépasser celui des cotisations de 5,935 fr. 85 c. Les sociétaires reçoivent donc maintenant beaucoup plus qu'ils ne donnent. Félicitons-nous-en, car par là se trouvent à jamais assurées la stabilité de notre association et la perpétuité de son action. Quoi qu'il arrive, en effet, et lors même que, par impossible, toutes les sources de recettes tariraient subitement, la mission de bienfaisance qu'elle remplit ne serait pas interrompue un seul jour, et le service des pensions ne subirait aucun arrêt. La fortune déjà considérable que possède l'association est le patrimoine des musiciens malheureux : nul n'a le droit de l'aliéner, nul n'a le droit d'en changer la destination.

« La recette de 1861 est de 63,763 fr. 06 c. La somme totale encaissée depuis 1843 s'élevait, au 31 décembre dernier, à *un million trente-deux mille neuf cent vingt-neuf francs quatorze centimes.* Les cotisations et les arrérages de rentes représentent environ la moitié de cette somme ; les libéralités individuelles ou collectives, le travail en commun des sociétaires, en forment le complément. »

Ici, M. le rapporteur entre dans le détail des œuvres accomplies dans l'année avec le concours sympathique d'un grand nombre d'artistes et de gens du monde. Sur cette liste figurent en premier ordre les messes célébrées à Saint-Vincent de Paul et à Notre-Dame, l'une d'Adolphe Adam, l'autre de M. Gastinel ; la messe de M. César Franck à Sainte-Clotilde, la messe de sainte Cécile à Saint-Eustache, la messe de M. Gounod pour voix d'hommes, exécutée dans la même église ; les concerts de MM. Léon Kreutzer, Beaulieu de Niort, et ceux dont trois chefs de musique militaire, M. Chateleyn à Blois, MM. Begheer et Masson à Verdun, ont voulu consacrer le produit en tout ou en partie à la caisse de l'association.

A cette occasion, M. le rapporteur s'est exprimé ainsi :

« Nous voyons avec un véritable plaisir les musiciens militaires comprendre les avantages que leur offre notre association, et venir en grand nombre se ranger sous sa bannière. Elle peut beaucoup pour eux, pour leur avenir, en garantissant le bien-être et la sécurité de leurs vieux jours ; ils peuvent beaucoup pour elle, pour le développement de sa prospérité, en organisant des concerts et des messes en musique au profit de sa caisse. Leur intérêt est de venir à nous ; le nôtre est de leur ouvrir fraternellement les bras. Que faut-il donc pour que cette union si désirable devienne générale ? Il faut des chefs de musique comme ceux que nous venons de nommer ; des chefs qui fassent pour nous une propagande active et dévouée ; des chefs convaincus que, non-seulement la direction artistique, mais aussi la direction morale des artistes placés sous leurs ordres leur appartient ; qu'ils doivent, autant qu'il est en leur pouvoir, veiller sur leur sort, améliorer leur position matérielle. Dans quelques corps de musique, nous sommes assez heureux pour pouvoir compter sur de tels auxiliaires ; aussi le nombre de nos adhérents est déjà considérable dans le 2e et le 4e régiment de voltigeurs, le 1er de cuirassiers, les guides, l'artillerie à pied et l'artillerie à cheval de la garde ; dans les 5e, 8e, 9e, 86e, 99e, 100e régiments de ligne ; dans le 3e régiment de dragons, le 10e et le 11e de chasseurs à cheval, le 2e, le 7e de hussards ; dans les 1er, 2e, 3e, 10e, 14e régiments d'artillerie. Dans la Garde de Paris, musique modèle, qui nous prête toujours un si utile concours dans nos solennités, tous les instrumentistes sont sociétaires, grâce au zèle ardent de nos bons et dévoués collègues, MM. Paulus et Maury. »

Le comité de l'association compte dans son sein plusieurs membres dont la générosité est à peu près quotidienne, et dont plusieurs se sont empressés de compléter les secours réclamés par les sociétaires nécessiteux. M. le rapporteur nomme MM. Georges Kastner Ch. Marry, Jancourt, Colmet d'Aage, Chatenet, Delzant, Triébert, Paulus, Thomas aîné, Richard Dambricourt, de Bez, Dufrêne.

« Comme nous vous le disions en commençant, poursuit M. le rapporteur, la liste de nos auxiliaires, de nos bienfaiteurs, de nos protecteurs est bien longue ; ce dont nous sommes loin de nous plaindre. Elle le serait encore davantage si nous pouvions vous nommer tous les artistes, tous les amateurs qui, dans nos solennités musicales, viennent modestement s'asseoir devant les pupitres de l'orchestre ou sur les bancs des chœurs. Pour être moins brillants que ceux dont vous venez d'entendre le récit, les services qu'ils nous rendent ne sont pas moins précieux ; car si, pour gagner des batailles, les braves soldats sont indispensables autant que les généraux habiles, nous qui faisons à la misère, à l'imprévoyance, une guerre acharnée, souvent nous serions empêchés de combattre sans l'efficace secours que nous apportent ces généreux volontaires. Le travail des uns, la générosité des autres, nous ont permis de consacrer une somme de 26,491 fr. 20 c. à l'achat de 1,230 fr. de rente. Notre revenu s'élevait au 31 décembre 1861 à 25,703 fr.

« L'Association des artistes musiciens sert annuellement quarante-trois pensions à 300 fr.; soixante-deux, à 180 fr.; en tout cent cinq, coûtant annuellement 24,060 fr.; elle paye, pour l'éducation de sept enfants orphelins, 1,260 fr. Elle donne en outre aux sociétaires les plus nécessiteux, ou pour des besoins momentanés, des secours mensuels qui se sont élevés en 1861, en y comprenant les frais d'inhumation de seize sociétaires, à 5,396 fr. 10 c. Les sommes distribuées en pensions et secours à des musiciens malheureux, depuis l'origine de la société, atteignent maintenant le chiffre total de 265,760 fr. 45 c. »

Grâces soient donc rendues à tous ceux qui ont bien voulu s'associer à la fortune de l'Association, en la soutenant par leur dévouement, leur zèle, leurs sacrifices de tout genre, mais surtout, comme l'a si bien dit M. Lebel : « Merci à notre président-fondateur ! Ces dévouements qui nous entourent, ces sympathies dont nous sommes fiers, c'est à lui seul, à son intelligente initiative que nous les devons. A lui, pour être juste, reportons-en l'honneur. »

« Nous n'étions pas : il nous a tirés du néant, il nous a donné l'existence. Apôtre ardent de la charité, ni les rudes labeurs, ni les sourires de l'incrédulité, ni la résistance de ceux-là même dont il voulait améliorer le sort, rien ne l'a rebuté. Au milieu des pénibles épreuves des premiers jours, la foi l'a toujours soutenu : la foi dans son œuvre, la foi dans la sainte mission qu'il a reçue du ciel. Plus tard, lorsque, par sa volonté, par sa persévérance, il a fait descendre la conviction dans les cœurs; lorsqu'à l'aide des plus humbles ressources, il a créé l'abondance, il ne s'arrête pas encore. Pour lui rien n'est fait tant qu'il reste quelque chose à faire. Athlète infatigable, il ne connaît pas le repos. Toujours le premier au combat, entraînant les autres par sa parole, par son exemple, il veut lutter sans cesse, lutter sans trêve ni merci, jusqu'à ce qu'il ne reste plus un affligé sans consolation, un malheureux sans secours !

« Nous, monsieur Taylor, nous vos humbles et bien obscurs collaborateurs, nous qui, dans les relations journalières que nous avons avec vous, pouvons apprécier de près vos vertus et vos éminentes qualités, nous croyons être l'interprète des sentiments de cette grande assemblée, l'interprète des sentiments de tous les sociétaires, en vous disant : Soyez béni pour le bien que vous avez fait, pour celui que les institutions créées par vous feront aux générations à venir ! Soyez béni pour votre dévouement et votre charité ! Les artistes ont contracté envers vous une dette immense de reconnaissance. La postérité se chargera de l'acquitter, en inscrivant votre nom parmi ceux des grands bienfaiteurs de l'humanité ! »

Des acclamations prolongées ont salué ce passage du rapport, souvent interrompu par des bravos. M. le baron Taylor a prononcé quelques paroles non moins instructives que touchantes, accueillies par de chaleureux applaudissements. Ensuite le scrutin a été ouvert pour la réélection ou le remplacement des douze membres sortants du comité : MM. Georges Kastner, Tilmant aîné, Lebel, Amédée Artus, Ermel, Pasdeloup, Gounod, Badet, Delafontaine, Delzant, Chatenet, Charles Manry. Cent cinquante-trois sociétaires ont pris part au vote : MM. Tilmant a obtenu 139 voix; Georges Kastner, 138; Lebel, 129; Badet, 123; Ermel et Delzant, 117; Manry et Delafontaine, 116; Chatenet, 115; Gounod, 110; Pasdeloup, 98; Elwart, 79. En conséquence, ils ont été proclamés membres du comité pour cinq années. Ceux qui ont approché le plus sont MM. Colin, Verrimst, Lemoine, Artus et Léopold Dancla.

FÊTES MUSICALES QUI ONT EU LIEU DANS LA VILLE DE LILLE, LE 29 ET LE 30 JUIN.

Il n'est pas indigne de l'histoire de recueillir les faits importants qui prouvent, d'une manière évidente, le grand développement qu'a pris, de nos jours, le goût pour la musique. Toutes les classes de la société, les pauvres aussi bien que les riches, semblent s'entendre à l'envi pour apprécier les beautés simples et sublimes d'un art dont Montesquieu a dit : « C'est le seul de tous les arts qui ne corrompt pas l'esprit. »

Dans la *Revue et Gazette musicale de Paris*, numéro du 6 juillet, j'y ai trouvé une lettre d'un M. Em. Mathieu de Monter, qui contient sur les fêtes musicales de Lille le récit intéressant qu'on va lire :

« Les trois mille chanteurs et instrumentistes accourus de l'Ile-de-France, de la Picardie, de la Flandre française et de la Belgique, à l'appel de la municipalité lilloise, pour participer aux concours de chant et de musique, ont regagné leurs villes et leurs villages. La médaille a son revers, le rêve son réveil, la fête son lendemain. La carcasse du feu d'artifice reste seule debout, après tant de pyrotechnie et de lyrisme. Les ifs rentrent dans la remise des solennités locales. Adieu trophées, drapeaux, banderoles, chansons en l'air, bouquets de fleurs et bouquets d'esprit, toasts, sérénades, tumulte et cortége ! Lille revient à sa vie de famille ; Lille reprend ses habitudes de paix et de travail. De ce concours spontané de Sociétés chorales et instrumentales, il ne reste plus ici que l'écho d'une harmonie grandiose, que le souvenir d'une assemblée artistique remarquable entre toutes celles des provinces du Nord, qu'une nouvelle et retentissante sanction de cette force musicale qui a pris rang parmi les institutions les plus utiles et les plus vénérées de notre époque.

« L'Orphéon émeut et console, il *soutient* surtout. » On a souvent écrit et répété cette vérité *vraie*, et la chronique en est fort heureuse; car ce n'est pas une petite affaire de suivre, du midi au nord et de l'est à l'ouest, cet intrépide et vaillant marcheur qui a conservé la foi profonde, et qui s'en va sur les grands chemins de l'avenir, sans savoir où s'arrêtera son pèlerinage.

« J'ai donc traversé les vastes plaines qui de Paris s'étendent jusqu'à la frontière; j'ai suivi les bords de la Lys et de l'Escaut, dans lesquels se mirent force charmantes maisons à la Miéris, inventées pour la récréation des yeux, par le génie si fantasque et si spirituel de la Renaissance flamande; j'ai vu, la nuit, les hauts fourneaux de Carvin dessiner, sur un fond écarlate étoilé d'étincelles, la noire silhouette des villages; j'ai entendu à travers les grondements de la vapeur, une prodigieuse symphonie de roues, de scies, de laminoirs, de cylindres et de balanciers en mouvement, et je date cette lettre de Lille, la ville des canons et des remparts, tout comme au siècle de Louis XIV. Seulement, la vieille cité ne se bat plus pour son indépendance : elle vend, achète toujours et chante parfois. Le chemin de fer lui met un bras en France et l'autre en Hollande, et, grâce à ces deux bras, sans cesse elle prend de l'une et reçoit de l'autre.

« Lille a conservé néanmoins ses canaux et son *grand-garde*, ses maisons espagnoles et ses clochers romans, ses hanses et ses portes-donjons. Jamais décor ne fut mieux approprié aux fêtes qu'elle seule sait organiser avec son goût traditionnel, et qui ressuscitent en une vivante prosopopée les luttes musicales du moyen âge, les combats poétiques des chevaliers-chanteurs.

« Dimanche dernier, les sociétés chorales ont été reçues en grande pompe, à la gare du chemin de fer, par des commissaires délégués de l'administration municipale, accompagnés des musiques de la ville. Le maire et les autorités les attendaient à l'hôtel de ville pour leur présenter le vin d'honneur. Ce défilé de chanteurs dans un labyrinthe de vieilles rues pavoisées d'oriflammes, enguirlandées de rubans aux couleurs nationales, a duré près de quatre heures. S'avançaient ainsi, bannières au vent, la Société chorale l'Odéon, de Paris; les Enfants de Saint-Denis; les Orphéonistes d'Arras; la Société royale des Mélomanes; la Société royale des chœurs; les Ouvriers réunis; les Sociétés *Kunst nar Vermogen* et *Willems Genotschap*, de Gand; la Réunion lyrique de Bruxelles; la Légia royale de Liége; la Sainte-Cécile de Verviers; les Orphéonistes de Turcoing; les Enfants de Gayant, de Douai; la Société d'agrément, de Seraing; les Bardes de la Meuse, de Namur; la Lyre ouvrière, de Tournai; les Amateurs réunis et les Ouvriers réunis de Louvain; les Orphéonistes d'Ixelles; la Société philharmonique et l'Association chorale de Valenciennes; les Orphéonistes d'Amiens; l'Orphéon de Saint-Omer; l'Union chorale et l'Orphéon cambrésien, de Cambrai; les Sociétés chorales de Roubaix, du Mans, de Costacher-lez-Gand, de Ledeberg-lez-Gand, d'Aire, d'Anzin, de la Madeleine, de Maubeuge, Merville, Hazebrouck et Haubourdin : cohortes vaillantes et disciplinées, unies dans une pensée commune de concorde et d'émulation.

« Les concours ont eu lieu au théâtre, à la salle des concerts, au marché couvert et à l'entrepôt des sucres. D'ingénieux agencements plaçaient ces différentes salles dans les conditions exigées par l'acoustique. Les jurys étaient présidés par MM. Ambroise Thomas, Bazin, Gevaert et Laurent de Rillé. Les sociétés concurrentes devaient chanter, pour entrer en lice : 1º dans la division supérieure, un morceau à leur choix et un chœur inédit, le Tyrol, de M. Ambroise Thomas; 2º dans la première et la seconde division, française ou étrangère, deux chœurs à leur choix.

« Les prix représentaient une somme totale de près de 20,000 francs; ils consistaient en médailles et en indemnités pécuniaires. Au prix d'honneur de la division supérieure étaient alloués une médaille d'or, grand module, accordée par l'Empereur, et une indemnité de 1,500 francs. Une seconde médaille de l'Empereur devait être décernée à la société victorieuse, dans un concours ouvert entre les sociétés qui auraient obtenu le prix dans chacune des premières divisions étrangère et française.

« Parmi les chœurs les plus populaires dans le Nord et en Belgique, et qui ont été le plus et le mieux chantés par les sociétés concurrentes, je citerai : *la Branche d'amandier*, de Soubre ; *la Noce de village, la Saint-Hubert* et *les Buveurs*, de Laurent de Rillé ; *un Nocturne*, de Denefve ; *les Contrebandiers*, de Limnander ; *le Chant lyrique de Saül*, de Gevaert ; *la Chapelle*, de Becker ; *les Gais musiciens*, de Kucken ; *la Tristesse*, de Ch. Hanssens, et le chœur des *Buveurs*, de *Robert-le-Diable*.

« L'exécution des sociétés belges est plus sûre, plus musicale que celle des orphéons de France. Le fini des détails, la sonorité, le fondu de l'ensemble, la vigueur de l'attaque, l'agencement des nuances, l'expression et le style défient, chez elles, la critique la plus minutieuse. On croirait entendre un merveilleux orchestre. Nos sociétés possèdent, il est vrai, l'éclat, le mordant et l'esprit ; elles rachètent par la netteté de l'articulation l'insuffisance des voix ; mais que de qualités ne leur reste-t-il pas encore à acquérir, avant qu'elles atteignent au niveau des grandes compagnies chorales de la Belgique! Aussi serait-il réellement opportun de ne plus mettre en présence, dans un concours public, des sociétés qui présentent une différence si notable de contingent numérique, de mérite et d'expérience ! De cet antagonisme inégal, résultent forcément des rivalités pénibles et des froissements d'amour-propre dangereux. C'est là que réside le côté blâmable et défectueux du concours de Lille. Des sociétés françaises de date relativement récente, composées en moyenne de quarante membres, n'ayant, quelles que soient du reste leurs qualités, ni l'aptitude musicale, ni les connaissances pratiques de leurs rivales, ont eu à lutter avec des cercles artistiques dont le moindre compte cent sociétaires et plus de vingt années de durée et d'étude, avec des cercles qui se recrutent parmi des musiciens de profession ou des personnes connaissant la musique, et qui ne composent leur répertoire que de morceaux difficiles, compliqués et à grand effet, le plus souvent composés spécialement pour leurs ressources vocales, patiemment appris, longuement répétés et interprétés avec une précision mathématique et une science réelle. Certes, comme physionomie générale, le concours de Lille a pu offrir un grand intérêt et présenter certaines exécutions hors ligne ; mais il n'a rien prouvé au point de vue du progrès général des sociétés : chacun est resté sur son terrain ; chacun a produit au grand jour ses qualités et ses défauts, sans que ce mutuel exemple fasse acquérir les premières ou corrige les seconds. De ce que les sociétés belges ont battu les orphéons, il n'en faut pas déduire l'infériorité absolue de ceux-ci, qui ont fait bravement leur devoir et ont défendu le terrain pied à pied. Les concours n'affirment jamais de faits généraux : œuvres de circonstance, ils en subissent les chances aléatoires. Les sociétés françaises qui n'ont pas remporté de prix à Lille ont toutes été couronnées dans des épreuves où le succès leur était chaudement disputé. Les décisions impartiales des jurys ont, du reste, donné beaucoup à réfléchir à la municipalité lilloise, et nous croyons savoir de source certaine, que d'ici à un long temps elle ne renouvellera pas le concours *international* du 29 juin, ne fût-ce que pour ne pas placer telles ou telles sociétés françaises, composées d'ouvriers, dans la nécessité de se mesurer avec certaines sociétés belges, exclusivement formées d'artistes et d'élèves des conservatoires de musique.

« A l'issue des concours, devant cette foule de chanteurs et d'auditeurs, vibrante encore des émotions de la lutte, les récompenses ont été décernées aux sociétés victorieuses. La Réunion lyrique de Bruxelles a remporté le prix d'honneur de la division supérieure; la Société royale de Gand et la Légia, de Liége, ont mérité les second et troisième prix de cette division.

« Les autres concours ont donné les résultats suivants :

« *Première division des sociétés chorales étrangères.*— 1ᵉʳ prix : les Orphéonistes d'Ixelles; 2ᵉ prix : les Bardes de la Meuse, de Namur; 3ᵉ prix : la Société d'agrément de Seraing.

« *Première division des sociétés chorales françaises.*— 1ᵉʳ prix : les Orphéonistes de Saint-Omer; 2ᵉ prix :

l'Union chorale de Cambrai; 3ᵉ prix : l'Orphéon d'Amiens.

« Le prix d'honneur des premières divisions, disputé par Saint-Omer et Ixelles (Belgique), a été décerné à cette dernière ville.

La Société chorale de Merville a remporté le premier prix de la deuxième division.

« Dimanche soir, un punch offert par l'Union chorale de Lille réunissait, dans les salles du Conservatoire, les membres du jury, les représentants de la presse, les présidents, directeurs et délégués des sociétés concurrentes. Les journaux de la localité ont profité de la circonstance pour exhiber le cliché traditionnel : « La plus franche cordialité a régné « durant cette fête de famille. » A vrai dire, tous les triomphes de la soirée sont revenus à la Réunion lyrique de Bruxelles, qui a chanté les principaux chœurs du concours au milieu d'un enthousiasme indescriptible. On ne saurait imaginer une exécution plus irréprochable. J'ai vu le moment où le jury, ravi, dominé, allait voter à la Société de nouvelles médailles. M. Ambroise Thomas, très-ému, s'est jeté dans les bras du directeur; les chanteurs ont attaqué un triple et formidable *hourrah!* Le directeur s'est livré corps perdu aux accolades de ses sociétaires, et la soirée s'est terminée dans une bruyante et générale « fraternisation. » Tout est bien qui finit bien.

« Cependant, les sociétés rivales partaient, emportant—victorieuses—leurs médailles et leurs couronnes;—vaincues,—le morceau de tuyau de poêle, qui, d'après la coutume populaire, signifie une honorable défaite. Plus de chœurs, mais que de musiques! Musiques bourgeoises, musiques guerrières, musiques de pompiers, de société philharmonique, de garde nationale, citoyenne, urbaine, civique, musiques à pied et musiques à cheval, costumées, emplumées, ensabrées, multicolores, de tous pays, de toutes langues, de toutes formes et de toutes harmonies; elles arrivaient, une à une, comme les flots de la marée montante, l'une poussant l'autre, soufflant, battant pistonnant, enveloppant la ville dans une atmosphère de trompettes et de tambours! Le quatuor battait, en retraite devant le trombone. L'invasion changeait d'éléments, mais c'était encore et toujours l'invasion. Que j'en ai vu défiler, durant la journée du 30 juin, de ces braves musiciens arborant des pieds à la tête les couleurs les plus fantastiques de la flore militaire! Shakos et clarinettes, épaulettes et cymbales, casques et flûtes, sabres et ophicléides, gibernes et bugles, d'où sortiez-vous? De quel musée antédiluvien un antiquaire jovial vous avait-il exhibés? C'était un pandémonium fantastique, une multitude enfiévrée, une cohue d'hommes et de notes à donner le frisson. Tout cela allait, venait, se croisait, s'enchevêtrait, s'écrasait, processionnait, jouait, pêle-mêle avec les compagnies d'archers, d'arbalétriers, de fusiliers, d'écuyers et de pompiers. Biblique en serait le dénombrement. Il y avait là ceux d'Ypres et ceux de Tournai, ceux de Valenciennes et ceux de Lens : Paturages, Hensies, Mouscron, Jemmapes, Quiévrain, Bailleul, Estaires. Le Cateau, Belœil, avaient envoyé leurs fanfares les plus fringantes; Steinverck, Bapaume, Watignies, Marquette, Mouveaux, Seclin, Nivelles et bien d'autres pays inconnus s'étaient fait représenter par leurs corps de musique les plus belliqueusement équipés. En France, le peuple a longtemps cru que les aveugles seuls avaient le don de clarinette; la Belgique semble persuadée qu'on ne saurait jouer d'un instrument sans s'affubler d'une défroque militaire.

« N'importe! sous ces costumes-là, il y a de l'intelligence et du savoir, et plus d'une de ces petites musiques est préférable à nos fanfares coûteuses de cavalerie ou de chasseurs à pied. De nombreux prix attendaient les sociétés instrumentales : elles n'ont eu qu'à se féliciter de l'hospitalité et de la générosité lilloises.

« La matinée musicale, donnée le 1er juillet au profit des indigents par la musique des guides, n'a pas été la partie la moins intéressante de la fête. »

FESTIVAL DE LA VILLE DE COLOGNE,
DONNÉ LES 8, 9 ET 10 JUIN.

La *Société musicale du Bas-Rhin*, qui existe depuis un grand nombre d'années, a célébré à Cologne son trente-neuvième anniversaire avec un très-grand éclat. « *Salomon,* dit un correspondant à qui j'emprunte ce récit, oratorio de Hændel, remplissait le programme du premier concert. Cet oratorio est l'un des moins connus, mais il mérite de l'être ; car, sauf quelques airs d'un intérêt médiocre, on y trouve des beautés grandioses que Hændel n'a pas dépassées. L'exécution, quant à l'orchestre et aux chœurs surtout, a été admirable. Les solistes, madame Dustmann-Mayer, de Vienne, mademoiselle Conrad, de Cologne, mademoiselle Schrenck, de Bonn, M. Schneider, de Wiesbaden, M. Hill, de Francfort, ne nous ont pas toujours satisfait, si ce n'est, toutefois, Mlle Schrenck.

« Le second concert ouvrait par le *Sanctus* et *Hosanna* de la messe en *si* mineur de Bach. C'est une de ces œuvres éternelles marquées du doigt de Dieu et devant lesquelles on se prosterne sans pouvoir proférer un cri d'éloge. L'exécution n'a rien laissé à désirer, malgré les difficultés que l'œuvre offre, surtout pour les chœurs. Ici, comme au *Salomon* de Hændel, nous avons pu remarquer que le grand orgue était indispensable pour ces œuvres gigantesques ; jamais les instruments à vent ne produiront des effets tels que ceux de l'orgue dans le *Salomon* et le *Sanctus*.—Le *Sanctus* était suivi de l'ouverture et de plusieurs scènes d'*Iphigénie en Aulide*, de Gluck. C'est là que madame Dustmann a pu développer son talent dramatique, et nous prouver que si elle laisse à désirer dans le style simple de l'oratorio, elle sera dans le genre dramatique toujours à la hauteur de la situation. M. Becker, de Darmstadt, et les autres solistes, ont vaillamment rempli leur tâche, et le public a donné souvent des marques d'enthousiasme et pour l'œuvre et pour les interprètes.—La neuvième symphonie de Beethoven défrayait la seconde partie du concert. Nous l'avions entendue bien des fois, mais jamais peut-être elle n'avait produit sur nous autant d'impression. Si dans les trois premiers morceaux nous avons admiré l'orchestre, qui, sous la direction de Hiller, semblait s'être profondément inspiré des grandes pages qu'il traduisait, nous n'avons pas moins été enchanté des chœurs du finale enlevés avec une bravoure héroïque. Les solistes ont également bien mérité du public, dont les applaudissements devenaient, après chaque morceau de la symphonie, de plus en plus enthousiastes.

« Au troisième concert, on a fait entendre une ravissante symphonie de Haydn, les ouvertures de *Ruy Blas*, de Mendelssohn, et de *Geneviève*, de Schumann; un concerto de Mozart, très-bien exécuté par Hiller, deux chœurs de *Salomon*; une hymne toute nouvelle pour solos, chœur et orchestre de Hiller, qu'on a parfaitement accueillie, ainsi que plusieurs solos chantés par madame Dustmann, MM. Schneider et Becker.

« Ce qu'on a admiré dans ces fêtes annuelles de l'Association musicale du Bas-Rhin, c'est la puissance des chœurs : cette année, nous n'avons pas été moins étonné de la vigueur des instruments à cordes, dont les effets de sonorité étaient vraiment extraordinaires. »

CONCOURS DES SOCIÉTÉS CHORALES DANS LA VILLE DE BORDEAUX.

Dans la *Revue et Gazette musicale* de Paris, du 18 juin, se trouve la lettre suivante d'Em. Mathieu de Monter sur les fêtes musicales qui ont eu lieu à Bordeaux le 1er juin.

«Cent cinquante sociétés chorales et instrumentales; quatre mille concurrents entrant en lice ; vingt mille étrangers accourus de tous les départements du Midi; des bannières, des devises, des guirlandes, des cortéges, des sérénades, des acclamations, de l'enthousiasme; des symphonies et des refrains, des chœurs et des chansons; cette verve méridionale près de laquelle pâlit la classique *furia francese ;* une grande cité — le Versailles des villes commerçantes, — accueillant en vainqueurs les députés de l'art populaire; une foule innombrable, — cette foule des bords de la Garonne qui mêle aux couleurs les plus vives les cris et les interpellations les plus colorées,—improvisant aux orphéonistes des marches triomphales!.... tel a été le concours de Bordeaux, ouvert le 1er juin dernier, et j'avoue que ceux qui savent se contenter des apparences n'en pourraient rêver de plus brillantes et de plus solennelles.

« Malheureusement, cette nouvelle manifestation orphéonique n'a atteint qu'imparfaitement son but et n'a pas répondu à l'attente de la société Sainte-Cécile, présidée par un avocat distingué, M. H. Brochon, qui en avait pris l'initiative et la direction. Le concours, primitivement annoncé comme concours international, a été privé de toute société étrangère, et un département voisin de la Gironde, le Lot-et-Garonne, qui compte près de cinquante sociétés chorales et instrumentales, ne figure même dans la liste des sociétés inscrites que pour un contingent très-faible. La longueur et les frais du voyage, d'une part; de l'autre, l'absence de toute indemnité de déplacement ou avantage spécial, n'ont pas permis, il est vrai, aux sociétés de Belgique ou d'Allemagne de se présenter devant le jury de Bordeaux; mais il est à regretter que la commission organisatrice ne soit pas parvenue à entraîner l'adhésion de quelques sociétés de Paris, du Nord, de la Normandie, de l'Alsace ou de l'intérieur de la France; et il est fâcheux surtout que la date du concours,—maintenue au 1er juin, ait forcément éloigné de la lutte de bonnes et vaillantes compagnies artistiques qui s'y préparaient depuis longtemps et l'appelaient de tous leurs vœux.

« La commission a pris bravement son parti : elle a substitué sur l'affiche l'épithète de *général* à celle d'*international*, afin que nul ne s'aperçût sans doute qu'une région très-restreinte du midi composait seule l'effectif de ce *concours général*. Ce n'est pas la première fois que les Bordelais donnent l'exemple de leur habileté et de leur esprit naturel. Mais, au point de vue d'institution du chant choral populaire et des progrès de cette œuvre nationale, ce sont des concours stériles que ceux dont la sphère d'émulation est ainsi restreinte, et qui décernent forcément des récompenses d'autant plus facilement acquises qu'elles sont moins disputées. Ceci posé, et tout en regrettant que les circonstances aient trahi la généreuse initiative du comité de direction, je rentre à la hâte dans mon rôle d'historien.

« A dix heures, les orphéons et les musiques se réunissaient dans les allées des Quinconces. Les mesures d'ordre étant prises avec intelligence, le défilé s'est effectué sans encombre. Parmi ce long cortége, quelques sociétés avaient arboré un costume de circonstance d'un goût douteux et d'une opportunité contestable. Les orphéonistes d'Arcachon s'étaient costumés en canotiers d'Opéra-Comique ou d'Asnières : vareuses rouges, pantalons blancs, chapeaux microscopiques aux banderoles flottantes.

Les soixante-quatorze chanteurs de Narbonne exhibaient des blouses bleues, des ceintures et des bérets blancs. Le shako-tromblon des beaux jours de 1830 pyramidait sur la tête des gardes municipaux du Mans; les pompiers de Cognac confiaient aux rayons du soleil le casque odéonien, et il n'est pas jusqu'à la musique militaire de Mont-de-Marsan, dont les membres n'avaient cru devoir endosser un uniforme éclectique qui rappelait désagréablement la garde nationale et la garde mobile. O pittoresque! ô poésie! que de fautes on commet en votre nom!

«En quittant les allées d'Orléans, les sociétés se sont rendues aux salles de concours. Le public avait envahi de bonne heure le Grand-Théâtre, le théâtre des Variétés, la salle Franklin, le Cirque, le jardin de la mairie et la salle de la Renaissance, où les membres des jurys,—compositeurs et artistes de Paris et de Bordeaux,—attendaient les différentes divisions soumises à leur examen.

«Les luttes ont été brillantes. Il est impossible de ne pas constater le progrès sensible qu'a fait dans le Midi l'art musical, grâce à ces réunions artistiques fréquentes et aux études qu'elles nécessitent. Les voix se dépouillent peu à peu de leur rudesse native; on sent que l'émission du son, que la prononciation, font l'objet de travaux sérieux et soutenus; les nuances s'enchaînent et s'agencent habilement; l'expression est juste, le sentiment naturel; on chante enfin, et bientôt le style révélera ses secrets à ces artisans, à ces laboureurs qui étudient les œuvres de Mozart et de Meyerbeer, de la main qui fauche et moissonne, de la bouche qui criait naguère les vulgaires ponts-neufs du cabaret et de la débauche !

« A six heures, à l'issue des concours, les quatre mille concurrents étaient de nouveau groupés sur l'esplanade des Quinconces, pour assister à la distribution des prix, sous la présidence du préfet de la Gironde et *exécuter*,—suivant l'usage antique et le cérémonial adopté,—ces fabuleux chœurs d'ensemble qu'annoncent tous les programmes de concours et que nous n'avons, il faut l'avouer, jamais entendu chanter.

« Il est des fatalités ; celle dont je parle est du genre persistant. Bordeaux devait la subir. Au premier signal de la baguette de M. Mézeray, chef d'orchestre du Grand-Théâtre, chargé de conduire les chœurs ensorcelés et de détruire le charme, la foule envahit l'enceinte, refoule les factionnaires, renverse les frêles obstacles des cordes et des poteaux de séparation, saccage les chaises, enfonce les bancs et, dans son admiration.... panique, bouscule les orphéonistes qui, ne comprenant rien à cette improvisation extramusicale, augmentent le tumulte en s'opposant aux envahissements du dehors, rompent leurs rangs, se désorganisent et résistent à la télégraphie désespérée à laquelle se livrent, afin de ramener l'ordre et la confiance dans ce quatuor effarouché, M. Mézeray, du haut de son pupitre, et les membres du jury, des sommets olympiques de leur estrade !

« C'est au milieu de ce gigantesque désordre dans lequel les chœurs d'ensemble venaient de sombrer que les décisions des jurys ont été ainsi proclamées pour le concours des sociétés chorales :

« Premiers prix : Orphéon de Carcassonne (division supérieure ; Orphéon de Narbonne (première division); Orphéon de Béziers (deuxième division); Société orphéonique de Cognac, Orphéon Saint-Pierre de Clairac, Orphéon Saint-Vincent de Mérignac (troisième division, première, deuxième et troisième section).

« Seconds prix : Orphéon de Montpellier, Orphéon Sainte-Cécile de Sommières, Société chorale de Saint-Macaire, Société lyrique de Bordeaux, Société chorale de Sommières, Orphéon Saint-Martin de Léognan, Orphéon de Saint-Loubès.

« Les autres récompenses ont été décernées aux orphéons et sociétés chorales de Villeneuve-sur-Lot, Montauban, Bergerac, Castelnaudary, Dax, Tarbes, la Réole, Lézignan, Aiguillon, Carbon-Blanc, Fabrezan, Branne, Monségur, Chasteauneuf, Couthures, Castres, le Bouscat, Ambarès, Lermont et Monsempron.

« Les Orphéons de la Bastide, Charles Magne, de Libourne, de Vauvert, de Bize de Langon, de Pons, de Castets-en-Dorthe ont mérité des mentions honorables.

« La musique du 88e de ligne, dirigée par M. Digue, est sortie victorieuse du concours des musiques d'harmonie : elle a remporté le prix unique de la division supérieure.

« Ont été également couronnées dans ce concours : la musique des sapeurs-pompiers de Mont-de-Marsan, la musique d'harmonie de Langon, la Société philharmonique de Jarnac (premier prix); la musique municipale du Mans, la société de Cette, de Valence d'Agen et de la Réole (seconds prix).

« Dans le concours des fanfares, le prix unique de la division supérieure a été décerné à la fanfare Rollet, de Bordeaux. Le jury, à l'unanimité, a exprimé le vif désir qu'il soit fait mention publique avec éloges du plaisir que lui a fait éprouver la remarquable symphonie composée comme morceau d'épreuve par M. J. Massip.

« Ce concours a été également l'occasion de succès légitimement remportés par les fanfares Willems et Ch. Rousse, de Bordeaux ; des pompiers et de l'Orphéon de Cognac, de Gaillac, de la Teste, de Rabastens, de Persac, de Sainte-Bazeille, de Saint-Loubès, Léognan et d'Arcachon.

« Les médailles ont été remises aux directeurs lauréats, et les discours de circonstance, prononcés le soir dans une des salles de la mairie, où l'administration municipale offrait un punch aux présidents et directeurs des sociétés concurrentes. M. le préfet de la Gironde, M. le général Daumas, M. le maire de Bordeaux, M. le procureur général, présidaient cette réunion. Les incidents de la journée et les métamorphoses du programme défrayaient les conversations générales, tandis que le vent du soir, ingénieux contraste! apportait par les fenêtres ouvertes les bruits railleurs de la gaieté populaire, l'écho lointain des sérénades et des fanfares escortant vainqueurs et vaincus au chemin de fer. »

FESTIVAL DE LA VILLE DE BALE.

Le 31 mai, il y a eu dans la ville de Bâle, en Suisse, un festival qui a été remarquable. On y a exécuté *la Passion*, oratorio de Sébastien Bach. M. Schneider, ténor du théâtre de Wiesbaden, a chanté la partie de l'évangéliste, et M. Stockhausen celle de Jésus-Christ. C'est le *Gesungenferein* de Bâle et son chef, M. Reiter, qui ont mené à bien cette grande et difficile entreprise.

Noms des artistes musiciens qui ont été décorés cette année.

M. Félicien David a été nommé officier de la Légion d'honneur.

M. Marmontel, professeur de piano au Conservatoire, chevalier.

M. Stamaty, pianiste distingué et professeur de son instrument, chevalier.

M. Ernest Reyer, compositeur dramatique, chevalier.

M. Th. Labarre, compositeur, chevalier.

LES DIVERS EMPLACEMENTS DU THÉATRE DE L'OPÉRA A PARIS.

La translation de l'Opéra sur le boulevard est presqu'un fait accompli, car on y travaille depuis un an. Il n'est donc pas sans intérêt de donner ici quelques détails sur les emplacements occupés par la première scène lyrique de la France. C'est raconter presque l'histoire de la musique dramatique depuis Louis XIV jusqu'à nos jours [1].

« C'est au village d'Issy, près Paris, dans la maison de M. de Lahale, maître d'hôtel d'Anne d'Autriche, qu'au mois d'avril 1659 fut représenté le premier opéra français. L'ouvrage, imité des pièces italiennes que le cardinal Mazarin avait mises à la mode, s'appelait *la Florale d'Issy*. L'auteur de la musique était Cambert, organiste de Saint-Honoré; l'abbé Perrin,

---

1. Ce récit, fort exact, est tiré d'un article, sans signature, inséré au *Journal des Débats*.

introducteur des ambassadeurs auprès de Gaston d'Orléans, frère du roi, avait composé les paroles. Quoique exécuté par des amateurs, en plein jour, sans machines et sans décors, entre deux pavillons de verdure, l'ouvrage eut un grand succès et fut joué plusieurs fois de suite, aux grands applaudissements des personnes de qualité que les auteurs avaient conviées à ce spectacle nouveau. Parmi les nombreux témoignages contemporains qui attestent cette réussite, nous choisirons l'opinion de Loret, qu'il faut toujours consulter pour les petits événements parisiens.

J'allai l'autre jour à Issy

écrivait-il à mademoiselle de Longueville dans *la Gazette* du 10 mai 1659,

> Village peu distant de Paris,
> Pour ouïr chanter en musique
> Une pastorale comique...
> L'auteur de cette pastorale,
> C'est M. Perrin qu'on le nomme,
> Très-sage et savant gentilhomme,
> Et qui fait aussi bien des vers
> Que nul autre de l'univers.
> Cambert, maître par excellence
> En la musicale science,
> A fait l'*ut, mi, ré, fa, sol, la*,
> De cette pièce rare-là.

---

1. Le texte des ces lettres patentes est cité en entier dans l'*Histoire du Palais-Royal*, par M. Vatout, p. 153-154. Paris, 1858.

« Grand amateur de musique, le cardinal voulut entendre cette nouveauté, et la *Florale d'Issy* fut jouée au château de Vincennes devant toute la cour. « Elle eut une approbation pareille et inespérée, » mandait Perrin à l'archevêque de Turin, M. de La Rovère, « particulièrement de S. Em. qui se confessa « surprise de son succès, et témoigna à M. Cambert « être dans le dessein d'entreprendre avec lui de « semblables pièces. » La mort du cardinal (9 mars 1661) vint arrêter ces heureux essais, et les lettres patentes accordées à Perrin pour « *établir partout le royaume des académies d'opéras ou représentations en musique en langue française* » ne sont que du 28 juin 1669.

« Armés de leur privilége, Perrin et Cambert se remirent à l'œuvre et composèrent un nouvel ouvrage du nom de *Pomone*. Tandis qu'ils faisaient construire une salle rue Mazarine, en face de la rue Guénégaud, sur l'emplacement du jeu de paume de la Bouteille, occupé de nos jours par le passage du Pont-Neuf, les répétitions de leur opéra se poursuivaient dans la galerie de l'hôtel de Nevers que le marquis de Mancini, neveu et héritier de Mazarin, avait généreusement mise à leur disposition ; c'est aujourd'hui la grande salle des imprimés de la Bibliothèque impériale.

« *Pomone* fut jouée le 19 mars 1671 devant un public payant, et occupa la scène pendant dix mois avec un profit de 120,000 fr. pour ses auteurs.

« Il n'en fallait pas tant pour exciter l'envie et faire naître la concurrence ; aussi, protégé par madame de Montespan, alors toute-puissante, le Florentin Jean-Baptiste Lulli, inspecteur des violons du roi et surintendant de la musique de la chambre, déposséda-t-il facilement Perrin de son privilége, sous prétexte de procès avec ses associés.

« De nouvelles lettres patentes furent accordées, le 15 mars 1672, au favori de la marquise, et Lulli fut autorisé à « établir à Paris une Académie royale de « musique avec faculté pour les gentilshommes et « demoiselles d'y chanter sans que pour ce ils soient « censés déroger à leurs titres de noblesse, ni à leurs « privilèges, droits et immunités. »

« Le nouveau directeur ne perdit pas de temps ; il ouvrit une autre salle dans le jeu de paume du *Bel-Air*, rue de Vaugirard, près du Luxembourg, et le 11 février 1673, il y faisait représenter *Cadmus*, grand opéra, dont il avait écrit la musique sur les paroles de Quinault.

« Cependant Molière venait de mourir (16 fév. 1673) et laissait vacante au palais Cardinal la salle que le roi lui avait cédée en 1660, lorsque le grand comédien avait été obligé de quitter le Petit-Bourbon [1],

---

1. La salle du Petit-Bourbon faisait partie de l'hôtel du connétable, démoli en 1527, lors de sa trahison. Elle était située vis-à-vis du cloître Saint-Germain-l'Auxerrois, dans la rue des Poulies, qui descendait alors jusqu'au quai. On sait que Molière commença à y jouer en 1658. La description de cette salle se trouve dans *le Mercure françois*, t. IV, an-

démoli à cette époque pour dégager la colonnade du Louvre. Lulli obtint cette salle, et *Cadmus* y continua le cours de ses représentations, aux applaudissements de la cour et de la ville [1].

«Le nouveau théâtre que venait occuper l'Opéra, et qu'il devait occuper jusqu'en 1781, avait été construit en 1639 par le cardinal de Richelieu pour les représentations de sa tragédie de *Mirame*. Il remplissait l'aile droite du palais, entre la cour d'honneur et l'emplacement de la cour de Valois, ouverte seulement un siècle plus tard, en 1782. Sur le plan à vol d'oiseau dressé par La Boissière en 1679, il est facile de reconnaître les détails de cette construction dont Sauval nous a du reste donné une description complète dans le deuxième volume de ses *Antiquités de Paris* (liv. VII, page 162), en le déclarant « le théâtre de France le plus commode et le plus royal. »

«Malgré cette prétendue commodité, l'Opéra, encaissé dans les autres bâtiments du Palais-Royal, n'avait d'entrée que sur une ruelle ouvrant sur la place et appelée d'abord *Court-Orry*, puis *cul-de-sac de l'Opéra*; la sortie se faisait aussi par un passage étroit donnant dans la rue des Bons-Enfants à la hauteur du cloître Saint-Honoré. Cette situation nous paraît aujourd'hui bien resserrée pour un théâtre,

---

née 1614. Loret, dans sa lettre du 30 octobre 1660, rend compte de sa démolition.

1. Dans une lettre du 8 janvier 1674, madame de Sévigné appelait *Cadmus* « un prodige de beauté. »

comparée à la largeur des dégagements que réclame notre circulation; mais il ne faut pas oublier qu'à cette époque les principaux monuments de Paris, le Palais-de-Justice, le Louvre, l'Hôtel de ville et Notre-Dame entre autres, étaient eux-mêmes entourés de ruelles inextricables dont les *Embarras de Paris* de Boileau nous ont conservé la piquante physionomie.

«Quoi qu'il en soit, Baptiste, comme l'appelait toute la cour, une fois en possession du privilége de l'Opéra, le conserve jusqu'à sa mort (1687); en collaboration avec Quinault, Thomas Corneille et Campistron, il fit représenter sur cette scène *Armide*, son chef-d'œuvre, *Alceste*, *Thésée*, et une foule d'autres ouvrages aujourd'hui tout à fait oubliés. Il était venu se loger avec toute sa famille[1] dans le voisinage du théâtre, et Germain Brice, dans la première édition de son *Guide* (1685), nous le montre déjà installé depuis longtemps rue Sainte-Anne, au coin de la rue Neuve-des-Petits-Champs, dans cette belle maison à pilastres corinthiens, dont les sculptures allégoriques rappellent encore aujourd'hui le souvenir du célèbre musicien.

«Les successeurs de Lulli, et Francine, son gendre, à leur tête, n'eurent pas une gestion heureuse : après bien des vicissitudes dont le récit ne rentre pas dans

---

1. Avec le musicien Lambert, son beau-père, celui dont Boileau parle dans ses satires, et qui conserva la maison de la rue Sainte-Anne après la mort de Lulli.

le sujet de cet article, le roi Louis XV, au mois d'août 1749, chargea la ville de Paris de l'administration de l'Opéra. Ce fut, dit-on, madame de Pompadour qui conseilla cette mesure, les directeurs aux abois faisant, à son avis, de trop fréquents appels à la munificence royale. « Le public, dit Barbier dans son
« *Journal*[1], parut content de ce changement... Les
« directeurs, qui ne cherchent qu'à gagner, ména-
« geaient sur le tout... Ce qu'il y aura de plus diffi-
« cile pour le corps de la ville sera la police et la
« manutention des acteurs et actrices de l'Opéra, qui
« est un genre de peuple très-embarrassant à mener. »
Ce changement de système fut pendant quelques jours la grande préoccupation de Paris; on le célébra en vers et en prose, et le couplet suivant suffira pour donner une idée du ton de cette littérature de circonstance :

>Rien n'est mieux fait assurément
>Que ce nouvel arrangement.
>C'était une chose incivile
>Que l'Opéra, si plein d'appas,
>Appartînt à toute la ville,
>Et que la ville ne l'eût pas.

« Nous ne suivrons pas la nouvelle administration dans ses réformes et ses embarras financiers; nous avons hâte d'arriver à un événement d'une grande importance dans l'histoire de l'Opéra; nous voulons

---

1. Tome IV, page 389. Edition Charpentier, Paris, 1857.

parler de l'incendie du 6 avril 1763 [1]. « Il n'est plus
« question d'Opéra, dit Bachaumont dans ses *Mémoi-*
« *res;* le feu a pris par la faute des ouvriers, et s'est
« perpétué par leur négligence à appeler du secours;
« il avait pris dès huit heures du matin; ils ont voulu
« l'éteindre seuls et ils n'ont pu réussir. »

« La ville fut condamnée à rebâtir le théâtre qu'elle exploitait, et le duc d'Orléans obtint du roi que l'emplacement ne serait pas changé; il fut seulement convenu qu'on agrandirait la salle, en achetant les maisons situées entre le Palais-Royal et la rue des Bons-Enfants. L'architecte Moreau se mit à l'œuvre, et, en attendant, le roi permit aux artistes de l'Opéra de donner des représentations dans la *salle des machines,* au palais des Tuileries. Tandis que Soufflot appropriait le théâtre des Tuileries à cette nouvelle destination, on donna quelques concerts dans une galerie du château; c'était « l'onguent pour la brûlure, » comme disaient les mauvais plaisants de l'époque; puis, le 24 juin 1764, on inaugura la salle provisoire des Tuileries par la première représentation de *Castor et Pollux,* opéra de Rameau.

«Moreau mit six années à reconstruire le théâtre du Palais-Royal, qui s'ouvrit à son tour le 26 janv. 1770. Hurtaut et Magny, dans leur *Dictionnaire historique* [2],

1. Un tableau de Cottreau représentait cet événement; il a été lithographié et se trouve dans l'*Histoire du Palais-Royal* de M. Vatout. Différentes estampes du temps, conservées à la Bibliothèque, retracent aussi ce sinistre.
2. Tome I, page 182. Paris, 1779.

ont donné une description très-complète de cette nouvelle salle, et c'est à leur ouvrage que nous renvoyons ceux de nos lecteurs qui voudraient connaître en détail les principales dispositions de cet édifice. D'après ce livre, la salle était magnifique, et Moreau reçut de la ville une gratification de 50,000 fr. Ajoutons toutefois que les avis étaient partagés à cet égard, car un contemporain très-compétent[1] trouvait « l'or- « chestre sourd, les voix affaiblies, les décorations « mesquines et mal coloriées, les premières loges « trop élevées, peu avantageuses pour les femmes, le « vestibule indigne de la majesté du lieu, et les esca- « liers roides et étroits. »

« Sans prendre parti dans ce débat rétrospectif, nous dirons que la nouvelle salle ne porta pas bonheur à la ville de Paris, et qu'au mois de mars 1780, le roi lui retira le privilège du théâtre en laissant à sa charge 200,000 fr. de dettes et 112,000 fr. de rentes viagères. Une année après (8 juin 1781), un nouvel incendie détruisait la salle du Palais-Royal et mettait encore une fois ses malheureux artistes sur le pavé. Tandis que les faiseurs de projets cherchaient un emplacement pour reconstruire un nouveau théâtre, et proposaient les uns le Carrousel, et les autres la place Louis XV, l'architecte Lenoir offrit de bâtir en six mois une salle provisoire sur le boulevard Saint-

---

[1]. Bachaumont, dont les mémoires si intéressants contiennent, jour par jour, l'histoire de l'Opéra, de 1762 à 1787.

Martin, dans un terrain qui lui appartenait ; il ne demandait qu'une somme de 200,000 fr. et s'engageait, en cas d'inexécution de son traité, à payer un dédit de 24,000 fr. Cette offre fut accueillie malgré l'influence du duc de Chartres, qui voulait conserver à tout prix l'Opéra au Palais-Royal pour donner de la valeur aux nouvelles maisons avec arcades qu'il construisait à cette époque.

« Lenoir se mit de suite à l'ouvrage, et ses travaux, continués la nuit aux flambeaux, attirèrent tous les curieux de Paris. Cependant les acteurs de l'Opéra ne pouvaient, comme en 1763, continuer leurs représentations dans la salle des machines, occupée à cette époque par les artistes de la Comédie-Française, pour lesquels on construisait le théâtre de l'Odéon, sur les terrains de l'ancien hôtel Condé. La salle des *Menus-Plaisirs*, rue du Faubourg-Poissonnière, fut alors mise à la disposition de l'Opéra, et les représentations ne furent pas interrompues. Au bout de quatre-vingt-sept jours, Lenoir avait terminé son œuvre, et le 20 octobre 1781 la salle était livrée au public et inaugurée par un spectacle gratuit à l'occasion de la naissance du Dauphin. On voulait, disait-on, essayer la salle. Après la représentation, on distribua du vin et des comestibles, et les charbonniers et les dames de la halle dansèrent toute la nuit sur le plancher du nouveau théâtre. Chacun sait que cette salle provisoire, âgée aujourd'hui de soixante-dix-neuf ans, est le théâtre de la Porte-Saint-Martin.

« La République devait encore une fois déplacer l'Académie royale de musique ; en effet, en 1794, l'*Opéra national* fut transféré *rue de la Loi* (rue Richelieu) en face la Bibliothèque, dans une salle appelée alors *Théâtre national*, et bâtie par mademoiselle Montansier. L'Opéra devint le *Théâtre des Arts*, et *la Réunion du 10 août*, sans-culottide en grande vogue, inaugura le nouveau local. Pendant toute la durée du Consulat et de l'Empire, l'Opéra fut maintenu place Louvois, à la grande terreur des employés de la Bibliothèque, qui appréhendaient toujours qu'un troisième incendie vînt mettre en danger le précieux dépôt confié à leur garde.

« Le 13 février 1820, le duc de Berri est assassiné en sortant de l'Opéra. On démolit alors la salle de la rue Richelieu pour établir sur son emplacement une chapelle expiatoire, et, tandis que l'architecte Debret reconstruisait un nouvel Opéra provisoire, rue Le Peletier, sur les terrains de l'ancien hôtel de Choiseul, les artistes continuaient à jouer dans la salle Louvois, petit théâtre construit en 1793 au n° 8 de la rue de ce nom. Aujourd'hui, le théâtre Louvois est devenu le magasin des décors de l'Opéra-Comique. Est-il besoin d'ajouter que l'élégante fontaine Richelieu et le square qui l'entoure occupent la place de l'ancienne salle de l'Opéra ?

« Nous laissons à chacun de nos lecteurs la tâche facile de terminer cette énumération déjà trop longue et cependant encore bien incomplète, en souhaitant à la future salle du boulevard des Capucines une existence moins agitée que celle dont nous venons de raconter les nombreuses vicissitudes [1]. »

[1]. Il existe trois histoires de l'Opéra. La première, de Travenot et Duret de Niouville, 1 vol. in-8°, daté de 1753 ; la seconde, écrite par un secrétaire de Lulli, et dont le manuscrit fait partie de la collection de M. le baron Taylor, a été publiée dans la *Bibliothèque choisie du Constitutionnel* ; la troisième, la plus récente et la plus complète (2 vol. in-8, 1855), est due à la plume de Castil-Blaze.

VIII

CONCLUSION.

Nous sommes arrivé au terme de notre course. Nous avons recueilli avec soin tous les faits importants qui touchent à l'art que nous aimons, et nous avons jugé les œuvres et les hommes qui se sont produits pendant l'année 1862, avec l'indépendance qui convient à l'histoire et qui est le premier devoir de la critique. Nous terminions notre volume de l'année dernière par les considérations suivantes :
« On peut résumer l'état où se trouve l'art musical en Europe par deux grands faits qui résultent de ce que nous avons recueilli dans ce livre. Le premier de ces faits, c'est l'appauvrissement de l'inspiration, la pénurie de compositeurs originaux, et le nombre toujours croissant des imitateurs. Nous sommes arrivés à une telle promiscuité de styles et de manières, que, sur quinze ou vingt compositeurs qui abordent

le théâtre, il est impossible au goût le plus exercé de les distinguer les uns des autres. En France surtout, tous les musiciens ne semblent avoir qu'une langue, qu'un style et qu'une manière d'écrire. — L'autre fait important, qui éclate dans toute l'Europe, c'est le goût de la musique qui pénètre dans toutes les classes de la société ; c'est l'intelligence de ses beautés qui devient plus commune, c'est la vulgarisation de plus en plus grande de la musique instrumentale et des chefs-d'œuvre de la symphonie qui contiennent l'essence de la musique. Ce qui se passe à Paris, le succès incroyable des concerts populaires de M. Pasdeloup, ceux du Conservatoire, les diverses sociétés de quatuors, les sociétés harmoniques et chorales qui sillonnent la France, les fêtes et les réunions musicales de l'Allemagne, de la Belgique et de la Suisse, véritables congrès de la paix et de la civilisation, tout cela prouve que la musique est l'art le plus vivant et le plus populaire de la société moderne. Ce fait important se démontre encore par les nombreuses éditions de musique classique qui se publient dans toute l'Europe, par des livres curieux qu'on voit apparaître tant sur la théorie que sur l'histoire de l'art, par le nombre de journaux, de recueils politiques et littéraires, où les questions qui touchent aux théâtres lyriques et à l'art musical sont traitées avec soin par des écrivains de talent. » Eh bien ! la situation n'a pas changé depuis un an, et nous avons toujours à constater ces deux faits considérables, qui semblent contradictoires : jamais on n'a vu une plus grande pauvreté de compositeurs et de chanteurs dramatiques, et jamais la musique, dans ses formes les plus absolues, n'a été plus populaire et plus goûtée. La musique dramatique semble aussi épuisée que la musique religieuse. On comprend la décadence de la musique religieuse, surtout en France, où elle partage le sort de l'Église, qui n'est plus le centre de la vie morale de la nation; mais les théâtres sont plus suivis et plus populaires que jamais, et cependant ils manquent d'hommes capables d'ouvrir de nouveaux horizons. A quelle cause doit-on attribuer de si tristes effets ? Est-ce à l'organisation des théâtres, au manque de liberté ? Peut-on accuser le gouvernement, l'administration ou l'esprit matériel de la société, de cette pénurie de génies créateurs qui se fait sentir dans toutes les branches de l'art ? Rien n'est plus difficile que de trouver la cause véritable de ces temps fortunés qu'on appelle les siècles d'or, et où l'on voit florir tout à coup les génies les plus grands et les plus divers. On peut croire cependant que la liberté des théâtres, que le droit laissé à chacun de composer, de chanter, de peindre, de danser, comme il l'entend, sont de meilleures conditions pour la fécondité de l'esprit que le contrôle d'une police jalouse qui, au nom d'une morale et d'un goût d'État, empêche le génie de s'épanouir naïvement. Pendant la Révolution, il y avait à Paris *trente-trois théâtres* en plein exercice, et c'est pendant cette période glorieuse de notre histoire qu'on vit se produire des compositeurs comme Cherubini, Méhul, Berton, Lesueur, et une foule de musiciens charmants. Cette question si controversée de la liberté des théâtres, qu'aucun peuple du monde n'a jamais entièrement pratiquée, pas plus les Grecs que les Romains, est le sujet d'un petit livre qui vient de paraître et où se trouvent des documents assez curieux sur l'histoire des théâtres en France [1].

« Le privilége, dit l'auteur, est le système qui a régi les théâtres et l'art musical en France. » Il aurait pu affirmer avec non moins de vérité que le privilége a gouverné le monde, et particulièrement les théâtres, aussi bien chez les Grecs et les Romains que chez les nations modernes.

« L'art dramatique, considéré soit comme l'exercice d'un talent, soit comme l'objet d'une spéculation, est le développement d'une faculté de l'homme. Or, l'homme ne reçoit pas ses facultés de la loi. La loi peut en régler l'exercice et les soumettre à des restrictions quand l'intérêt public l'exige ; mais elle ne peut pas plus les détruire qu'elle ne les crée, et les limites qu'elle leur impose ne sont jamais que des

---

1. *La musique au théâtre*, par M. A. T. Malliot, professeur de musique à Rouen. Sans partager toutes les idées de M. Malliot, je me plais à reconnaître que son livre est écrit avec goût et avec une connaissance suffisante de l'art dont il ne s'occupe qu'accidentellement.

exceptions, qu'un droit secondaire et restrictif qui doit puiser sa justification dans quelques considérations impérieuses et puissantes. Cette justification ne doit pas se trouver dans les abus que peut entraîner l'exercice d'un art ou d'une industrie, car il n'y aurait pas une de nos facultés qui ne pût être enchaînée au même titre, et la liberté de l'homme tomberait tout entière dans le domaine des gouvernements [1]. »

C'est précisément ce qui est arrivé et ce qui se voit encore de nos jours sous des gouvernements prétendus démocratiques.

Sous prétexte d'empêcher la liberté de dégénérer en *licence*, ces gouvernements hybrides s'emparent de tous les droits et les appliquent avec une rigueur qui écrase l'individu au profit de ce monstre qu'on nomme *l'ordre social*. « L'influence que peuvent avoir les jeux de la scène sur l'esprit des populations, dit M. Malliot, a toujours conseillé aux gouvernements de s'en réserver la direction. C'est ce qui a fait que, confondant la partie industrielle avec la partie intellectuelle, ils n'ont jamais permis que les théâtres fussent ouverts sans autorisation et sans privilége. » Les gouvernements n'ont pas été aussi simples que le pense l'auteur que nous venons de citer. Ils ont eu toujours peur de l'esprit de critique que contenaient la plupart des pièces de théâtre, et c'est contre cet es-

---

[1]. *Législation des théâtres*, par MM. Vivien et Edmond Blanc. Cité par M. Malliot.

prit qu'ils se sont armés d'ordonnances tyranniques qui subsistent encore.

Un chapitre intéressant du livre que nous parcourons est celui où l'auteur s'occupe de la position faite aux compositeurs français. « Le décret de 1791, qui donna la liberté des théâtres, fut pour les musiciens un véritable bienfait. L'avenir illimité qui semblait s'ouvrir fit de la musique une carrière libre qu'on pouvait entreprendre sans craindre de rencontrer sur sa route d'autres obstacles que ceux qui sont inhérents à toutes les professions. Aussi, l'art musical prit-il un essor rapide, et, en 1803, la France envoyait à Rome son premier grand prix de composition. » Napoléon, qui avait l'instinct du despotisme comme il possédait le génie de la guerre, vint bientôt arrêter cet élan de la liberté qui avait produit de si beaux résultats, aussi bien dans les arts que dans les autres facultés de l'esprit. Les concerts furent soumis à des impôts cinq fois plus considérables que ne l'était la dîme avant la Révolution. Le mal produit par les nouveaux règlements sur les théâtres lyriques et sur le sort des compositeurs était devenu si grand à la fin de la Restauration, que le savant M. Fétis imprimait les lignes suivantes dans la *Revue musicale* qu'il venait de fonder : « On a calculé que le nombre d'opéras reçus depuis 1740, dont la musique est faite et qui n'ont pas été joués, s'élève à plus de douze cents. C'est une odieuse déception qui prend sa source dans la facilité avec laquelle on reçoit les pièces, dans le peu de confiance qu'inspirent les musiciens et dans l'incurie des diverses administrations qui se sont succédé à l'Opéra. C'est un tort réel qu'on fait aux artistes dont on occupe le temps inutilement, et ce tort est d'autant plus grand qu'il vient au moment où il n'est plus possible de le réparer; car un ouvrage qui pouvait être bon il y a vingt ans ne l'est plus aujourd'hui. » Le mal dont se plaignait M. Fétis en 1827 fut caractérisé avec plus d'énergie dans une lettre adressée au directeur de la *Revue musicale:* « Vous faites un journal sur la musique, monsieur, et vous le faites dans l'intérêt de l'art ; ne pourriez-vous pas le faire aussi dans l'intérêt des artistes ? Vous êtes professeur à l'école royale de musique ; comme tel, vous augmentez chaque jour le nombre des musiciens qui végètent en France ; vous devez au moins protection à vos élèves. Dans cette persuasion, je prends la liberté de vous adresser quelques observations dont vous ferez l'usage que vous jugerez convenable.

« Comme tant d'autres, je suis élève de l'école royale. J'y ai appris à peu près tout ce qu'on peut apprendre, et, persuadé qu'on attachait dans le monde autant d'importance que moi au savoir en musique, je crus ma fortune faite dès que mes études furent terminées. Je me trompais. » Il faut convenir que l'auteur de la lettre était un peu naïf !

« A peine descendu de voiture, dit-il, je cours au théâtre où chacun me fait le meilleur accueil. Ravi, transporté, je reviens chaque soir, et chaque soir même démonstration d'intérêt, d'amitié, mais point de poëme. Fatigué d'attendre en vain, je cours chez mon ancien professeur et le prie de me recommander à quelque auteur de sa connaissance. Pour toute réponse, il me peint les embarras et les chagrins de la carrière dramatique.... Cependant il faut vivre ; le temps presse, et je me décide à composer de la musique instrumentale. Je fais des quatuors, des symphonies, des sonates où je mets toutes les inspirations de mon génie et toute la science que j'ai acquise. Je ne doutais pas que les marchands de musique ne s'empressassent d'acheter mes ouvrages dès qu'ils les auraient entendus ; mais ils me déclarèrent tous qu'ils ne pourraient s'en charger qu'après que l'une de mes compositions aurait eu du succès dans le monde. » Je trouve que les éditeurs avaient parfaitement raison de répondre comme ils l'ont fait, au génie méconnu tout fraîchement émoulu par l'école. Il ajoute encore à ces faits, qui l'étonnent prodigieusement, les faits suivants : « L'un de ces messieurs finit cependant par me dire qu'il s'intéressait à moi et me demanda si je voulais faire pour lui des variations sur l'air : *Guernadier, que tu m'affliges* ! Voilà donc où m'ont conduit mes études d'harmonie, mes fugues et mon contrepoint *alla Palestrina*.

« Les journaux m'ont bercé longtemps de l'espoir de l'établissement d'un second théâtre d'*opéra-comique* ; mais on dit que les comédiens du théâtre Feydeau réclament en faveur de leur privilége ; car, en

France, tout se fait par privilége. Cependant, puisqu'il y a quatre théâtres *privilégiés* pour le vaudeville et deux théâtres privilégiés pour la musique étrangère, il me semble qu'il pourrait aussi y en avoir deux pour la musique française. » Il y aurait beaucoup de choses à dire pour répondre aux plaintes fort exagérées de l'auteur de la lettre que nous venons de reproduire ; mais ce qui reste prouvé, c'est l'état toujours précaire des compositeurs dramatiques en France. « La position des jeunes compositeurs, disait encore M. Fétis en 1829, qui se livrent à la composition de la musique, est un fait sur lequel je n'ai cessé d'appeler l'attention de l'autorité compétente depuis que j'entreprends la publication de la *Revue musicale*; mais il faut tant de formes administratives pour faire le bien, tant de lenteurs de bureaux, tant de conciliabules pour redresser des abus, que mes fréquents retours à cette question d'intérêt musical n'ont produit jusqu'ici que l'établissement d'un concert d'émulation pour les élèves de l'école royale de musique. Des intérêts d'argent, des fautes d'administration se sont opposés jusqu'ici à l'établissement d'un second théâtre d'opéra-comique où les jeunes compositeurs trouveraient à la fois motif d'émulation et sécurité d'existence... En attendant, des efforts partiels sont faits par quelques hommes estimables et par les jeunes musiciens eux-mêmes pour démontrer que la réprobation dont ceux-ci sont frappés est injuste, et qu'ils sont capables d'honorer la France. » Malgré l'autorité de M. Fétis, malgré les plaintes constantes do l'opinion, la situation des théâtres et des compositeurs ne changea pas. Au commencement du règne de Louis-Philippe, les musiciens de la capitale présentèrent une pétition au ministère de l'intérieur où ils émettaient quelques idées qu'il est bon de connaître.

« Il faudrait, disaient-ils, admettre en principe que toute industrie qui n'est point nuisible à la société doit pouvoir s'exercer librement. Les théâtres, étant une industrie comme une autre, doivent donc jouir de la même liberté. Partant il ne sera plus accordé de privilége d'opéra ou d'opéra-comique, et ceux qui sont concédés seront annulés... La nécessité de conserver dans toute son extension le beau modèle d'exécution qui existe à l'Opéra ferait admettre en principe que ce théâtre national ne pourra jamais être donné en entreprise particulière... Une somme serait prélevée sur tous les fonds subventionnels accordés par le gouvernement pour les théâtres; cette somme serait partagée par portions égales entre les directeurs de Marseille, Lyon, Bordeaux, Toulouse, Rouen, Lille et Strasbourg, sous la condition que chacune de ces directions ferait représenter chaque année trois opéras composés expressément pour les villes ci-dessus désignées. Des primes seraient accordées sur ces fonds aux auteurs de ces pièces, sans préjudice des droits d'auteur dans toute la France.

« Un conseil serait institué à Paris pour la récep

tion des pièces destinées aux six villes désignées. La distribution s'en ferait aux compositeurs par la section de musique de l'Institut. Tout compositeur dont la capacité aurait été reconnue par un concours, ou par un examen d'un ouvrage quelconque, serait admis à recevoir un des poëmes d'opéra acceptés par le comité.

« Chaque genre de peinture étant représenté à l'Institut, il est nécessaire que ce ne soient pas seulement les succès qui donnent droit à être admis dans la section de musique, et que le mérite réel dans la composition instrumentale ou sacrée, ainsi que dans la théorie ou la littérature musicale, puisse aussi siéger à l'Académie. Les concours de composition musicale cesseraient d'être jugés par les peintres, les sculpteurs, les graveurs et les architectes. Aux membres de la section de musique de l'Institut seraient adjoints, pour juger ce concours, un nombre égal de compositeurs ou de professeurs choisis au scrutin par les concurrents eux-mêmes. En toutes les circonstances qui pourraient intéresser le sort des artistes ou le progrès de l'art, au lieu de nommer des commissions composées des mêmes hommes, qui apportent sans cesse les mêmes idées dans la discussion, comme cela s'est toujours pratiqué jusqu'ici, l'administration inviterait les artistes à élire eux-mêmes librement ces commissions... Il serait fondé par le gouvernement des écoles gratuites de musique, comme succursales du Conservatoire, à Lille, Stras-

13.

bourg, Dijon, Lyon, Toulouse, Bordeaux, Marseille, Rennes, Nantes et Rouen. » Ce dernier vœu a été seul accompli. Déjà une ordonnance royale du 20 décembre 1826 avait érigé en succursale du Conservatoire de Paris, dit fort bien M. Malliot, les écoles de musique de Toulouse et de Lille. Une autre ordonnance royale du 30 mai 1841, et une troisième de la même année, donnent le même rang aux écoles de musique de Marseille et de Metz. Non-seulement la pétition des artistes de Paris est restée sans résultat, mais quelque temps après on supprima la chapelle du roi et l'école fondée par Alexandre Choron. Ces coups réitérés portés à l'art musical arrachèrent à l'infatigable M. Fétis de nouvelles observations d'une parfaite évidence.

« Il est un principe adopté de nos jours, par les économistes, dit-il, c'est que les arts doivent vivre de leurs propres ressources. Tous les établissements de musique ne coûtent pas 1,500,000 fr., y compris les théâtres lyriques. Soixante mille personnes vivent de cet art. Or, soixante-quinze mille sont la cent cinquante-troisième partie de la population de la France et 1,500,000 fr. ne sont que la six cent-soixantième partie de ses contributions. Mais chacun de ces individus payant au moins, terme moyen, *dix francs* de contributions directes et indirectes, l'État ne fait réellement pour leur bien-être qu'une dépense de 900,000 fr., somme égale seulement à la onze cent onzième partie des contributions de la France. Cette proportion est toute en faveur de la population musicienne. De plus, si l'on considère quels sont les produits du commerce de la musique et d'instruments de notre pays, ses exportations à l'extérieur et le nombre immense d'étrangers qui viennent s'établir non-seulement à Paris, mais dans les départements, pour recevoir une instruction musicale qui est maintenant supérieure en France à ce qu'elle est dans les autres parties de l'Europe (excepté l'Allemagne, monsieur Fétis!), on sera convaincu que la musique produit beaucoup plus à l'État qu'elle ne coûte. Je suis presque honteux d'entrer dans ces détails à propos d'un art dont les jouissances tiennent une si grande place dans le bonheur général : mais nos hommes d'État ne veulent que l'industrie ; il faut bien parler leur langue pour être compris. »

Depuis le jour où M. Fétis parlait aussi sagement des intérêts d'un art où il est un maître consommé, les choses se sont un peu améliorées. Une sorte de chapelle a été rétablie par l'empereur Napoléon III. L'école de Choron a été remplacée par *l'école de musique religieuse* fondée par Niedermeyer et, indépendamment des quatres théâtres lyriques qui existent à Paris, on fait de la musique partout, dans les théâtres de vaudeville aussi bien que dans ceux où l'on joue le mélodrame. On chante des morceaux d'opéra, on exécute des ouvertures jusque dans les jardins publics et dans les cafés en plein air. Ce chapitre des cafés chantants, qui sont si nombreux à Paris et dans la banlieue, serait un sujet curieux à étudier, tant au point de vue de l'art que sous le rapport de l'économie sociale. Le gouvernement actuel de la France, il faut le reconnaître, n'épargne pas l'argent aux beaux-arts et, si la main qui distribue les largesses de l'État n'est pas toujours heureuse dans le choix de ses préférés, ce n'est pas le désir de faire le bien qui lui manque. De plus, jamais le public qui apprécie les grandes beautés de la musique, n'a été plus nombreux et plus fervent, et, si les intérêts matériels occupent toujours fortement la société moderne, ces préoccupations légitimes n'étouffent pas, au contraire, l'instinct si naturel à l'homme pour les plaisirs de l'esprit.

Pendant la courte existence de la république de 1848, où aucune idée généreuse n'a pu s'exécuter et prendre racine, il s'était formé une *Association des lettres et des arts* qui adressa à l'Assemblée nationale la protestation suivante :

« Avant l'établissement de la république, l'opposition répétait souvent que le gouvernement ne comprenait pas les arts et qu'il ne faisait rien pour les lettres. On applaudissait ses adversaires, quand ils montraient ce gouvernement voué aux intérêts matériels et délaissant les intérêts sacrés de l'intelligence.

« La totalité des secours que vous donnez aux hommes de lettres en France est la dix-huit-centième partie de votre budget national ! s'écriait M. de Lamartine avec une généreuse indignation. Voilà ce que la France fait pour ces idées qui lui ont conquis le monde, et qui, plus fidèles que ses armées, ont gardé leur conquête et la garderont toujours tant qu'un rayon de génie ne cessera pas d'illuminer ce pays.

« Eh bien ! le peu que faisait la France pour les lettres et pour les arts, on a trouvé que c'était trop encore. »

Ces plaintes un peu amères, qui se sont constamment renouvelées depuis, n'ont amené aucun changement notable. C'est que la question posée par les pétitionnaires n'est pas simple et qu'elle se complique de la question de savoir si le gouvernement le plus riche et le plus généreux peut changer la nature des choses et faire vivre, par sa munificence, un art qui ne vit pas de sa propre vie. Si l'on répond affirmativement, il reste à savoir *comment il faut encourager les arts.* Sur ce sujet délicat, M. Viardot, le mari de la grande cantatrice, a émis quelques idées qu'il est bon de connaître [1].

« Le retour périodique des expositions ramène invariablement le retour de certaines questions qui se rattachent au passé et à l'avenir des beaux-arts. Telle est celle qui sert de titre à ce travail. Puisque le moment devient opportun, je demande la permission d'exposer ma pensée... Lorsqu'on veut faire régner dans l'empire des arts les lois qui régissent les so-

---

1. *Comment faut-il encourager les arts?* Brochure. 1861.

ciétés politiques; lorsqu'on prétend, par exemple, appliquer à cet empire les principes de la démocratie moderne, en affirmant que l'égalité devant la loi implique l'égalité des intelligences, et que tout homme qui a le droit d'être citoyen a le droit d'être artiste, on commet une erreur fondamentale. » Et pourquoi donc n'aurait-on pas le droit de se faire artiste, à ses risques et périls, comme on se fait forgeron ? Les faits historiques sur lesquels s'appuie M. Viardot pour prouver que les arts sont une vocation particulière de certains peuples, de certaines époques et de certains individus prédestinés, ne sont pas toujours bien choisis. Mais il est vrai de dire avec Emeric David : « L'art des récompenses avait sa théorie, et les honneurs accordés par les Athéniens étaient gradués de telle sorte, que l'émulation ne s'arrêtait jamais... Proclamation au théâtre du nom de l'homme qu'on voulait honorer ; proclamation dans les jeux publics ; couronnes décernées par le sénat ; couronne décernée par le peuple ; portrait placé dans un temple, nourriture dans le Prytanée ; statue sur une place publique ;... tombeau, jeux publics célébrés sur le tombeau. » La société moderne, surtout la France et l'Angleterre, accordent à leurs artistes célèbres des récompenses qui valent celles du peuple d'Athènes que vient d'énumérer le savant critique. Je doute que la Grèce ait fait pour une joueuse de flûte ce qu'on a vu à Paris à la mort de mademoiselle Rachel. Ce fut un spectacle du Bas-

Empire que les funérailles de cette juive de génie. Presque la même pompe, le même fracas d'éloges funéraires, se sont renouvelés cette année sur la tombe d'Halévy.

« Puisque les Athéniens, dit M. Viardot, nourrissaient dans le Prytanée l'artiste couronné, et non lui seul, mais ses parents, ses enfants, ses descendants à perpétuité, ils auraient pu facilement créer, dans quelque autre édifice public, des écoles de beaux-arts, ouvertes à tous les jeunes citoyens de la république. Ils se gardèrent bien de commettre une telle faute, tout le temps, du moins, que durèrent la liberté et la grandeur de la patrie. Jusqu'au règne des Antonins, époque d'un essai de renaissance que tentèrent, par l'imitation de l'art archaïque, les dominateurs de la Grèce asservie, les Grecs n'eurent jamais d'écoles gratuites pour les arts du dessin, pas plus que pour l'éloquence et la philosophie. Ils pensèrent toujours que les leçons payées valent mieux que les leçons prises pour rien, parce que ceux qui se décident à les payer, sentent eux-mêmes qu'ils en sauront tirer parti, et qu'il faudra que le succès réponde au sacrifice ; parce qu'une telle règle éloignait à coup sûr non-seulement les inaptitudes évidentes, mais encore les fausses vocations. La coutume constante des Grecs, dit Vitruve, fut que les maîtres artistes ne donnaient de leçons qu'à leurs enfants, ou à ceux qu'ils jugeaient capables de devenir, à leur tour, des artistes maîtres. Ces leçons, même entre étrangers,

établissaient comme une paternité et une filiation. Ainsi, lorsqu'on lit sur les inscriptions que nous ont conservées les œuvres de la statuaire grecque : *un tel, fils d'un tel,* il faut remarquer qu'entre le maître qui s'honorait de l'élève et l'élève qui s'honorait du maître, il y avait un tel lien d'affection et de reconnaissance, que souvent l'élève appelait le maître son *père.* « De sorte, dit Pline, qu'on pouvait douter,
« quand un artiste joignait le nom de son père au
« sien propre, en signant une œuvre, si c'était le vrai
« père ou le maître qu'il désignait ainsi. »

Les faits que vient de citer M. Viardot n'ont qu'un intérêt historique. Ils ne prouvent pas que les nations modernes, qui ont d'autres mœurs et d'autres besoins, doivent suivre l'exemple des peuples anciens, en ce qui regarde l'éducation esthétique et littéraire de la jeunesse. La Grèce, d'ailleurs, est une brillante exception qu'on ne peut comparer à aucun peuple de la terre. Race privilégiée, douée par la nature des facultés les plus rares, la race hellénique vient à un moment propice de l'histoire de la civilisation, et, malgré sa courte existence, elle vit assez pour donner au monde l'idéal de l'éternelle jeunesse en toutes les directions de l'esprit. L'œuvre accomplie par la Grèce est unique ; on ne peut que l'imiter, mais non pas la refaire, pas plus qu'on ne pourrait recommencer l'œuvre de la Renaissance. « Il faut combler d'honneur les grands artistes, dit M. Viardot, comme les grands orateurs et les grands écrivains, suivant l'esprit de la société et le sens qu'elle attache à ce mot d'honneur. Il est juste que la gloire et même la fortune récompensent les uns et les autres. C'est devant ces honneurs rendus que peuvent s'éveiller de nobles émulations et se révéler des vocations heureuses. Mais ce qu'il est bon de faire *après*, est-il bon de le faire *avant* ? doit-on offrir aux jeunes gens, comme autant d'amorces presque toujours trompeuses, des avantages de tout genre qui les attirent, qu'ils n'auraient pas choisis d'eux-mêmes, où la facilité des premiers pas est une sorte d'entêtement à ne pas reculer ? Peut-il enfin créer ou conserver des écoles gratuites, comme il y en a dans la plupart de nos villes, et des académies de pensionnaires à Rome ? Ici l'on me permettra de penser à la façon des Athéniens, et de réprouver toutes ces combinaisons factices qui, dans aucun temps, n'ont jamais produit que des résultats entièrement contraires à ceux qu'on s'était promis. » Nous pensons, nous, que M. Viardot se trompe dans ses conclusions, et qu'il n'y a aucun rapport à établir entre les aptitudes du peuple d'Athènes pour les arts et les besoins des sociétés modernes, surtout d'une société fondée sur l'égalité civile. Que vous n'excitiez pas les enfants à entrer dans une carrière pour laquelle ils n'ont pas de vocation, c'est très-bien et très-sage ; mais comme il est difficile de deviner si l'instinct existe ou n'existe pas dans le pauvre enfant du peuple, l'école gratuite de dessin ou de musique, où il peut être facilement admis, éveillera peut-être en lui l'étincelle créatrice que vous cherchez. Que veut donc prouver M. Viardot par le passage de sa brochure que nous allons citer? « Tous les grands artistes (de la renaissance italienne) qui suivirent les Cimabue et les Giotto sortirent aussi de l'ombre et de la foule par les seuls efforts de l'instinct naturel, de la volonté et du travail. Fra Angelico, caché dans son couvent; Massaccio, fils d'un cordonnier; Donnatello, orphelin recueilli par la charité d'un voisin; Andrea Verrochio, qui de graveur se fit peintre, et ses deux grands disciples: le Pérugin, si pauvre en arrivant de l'Ombrie qu'il couchait dans un coffre, et Léonard, fils naturel d'un notaire de Vinci; enfin Andrea del Sarto, fils d'un tailleur, ne reçurent ni secours, ni encouragement d'aucune sorte avant d'avoir conquis la célébrité par le talent. » On peut répondre à M. Viardot qu'on trouve de pareils exemples dans l'histoire d'un grand nombre d'artistes modernes. La vie des trois quarts des hommes illustres de notre temps offre le spectacle d'une lutte douloureuse et souvent stérile dans ses résultats. Après une excursion historique faite un peu légèrement, M. Viardot constate avec raison que la forme du gouvernement, que l'état des mœurs et la constitution de la société, que la disposition des âmes et des esprits sont autant de causes qui influent et sur le caractère de l'inspiration et sur les formes extérieures de l'art. « Nous avons fait remarquer, dit-il, par l'exemple de Florence, de Venise et de la Rome des papes, comme par celui d'Athènes et de la Rome des Césars, que la parure monarchique n'était pas indispensable à la culture et au progrès des arts, pas plus qu'à la gloire et à la fortune des artistes. L'exemple de la Hollande est plus décisif encore; en Hollande, il n'y a ni cour, ni palais royal d'aucune espèce, mais une simple bourgeoisie vivant du commerce de la pêche et du bétail; et cependant quel pays, sur une si mince étendue de territoire et avec une si faible population, a jamais produit un si grand nombre d'artistes éminents ?

« Le premier regard fait deviner pour quels *commettants* travaillent ces artistes improvisés. Ce ne sont plus de grandes fresques ou de grandes toiles destinées aux nefs d'églises, aux galeries de palais et de châteaux, mais de petits panneaux, de petits cadres de chevalet, qui peuvent entrer et se placer dans le plus étroit cabinet d'amateur. Ce ne sont pas des sujets de haute poésie sacrée ou profane, dont l'appréciation demande des connaissances étendues, mais de vulgaires motifs pris dans la vie commune, que chacun a sous les yeux et qui n'ont de secret pour personne..... Ce sont pourtant ces petits tableaux de genre, ces petits sujets populaires que leur mérite et le goût ont portés aujourd'hui à une valeur énorme. L'exemple de la Hollande est donc rassurant pour les artistes de notre temps. Sous la démocratie athénienne, sous le patriciat vénitien, sous la bourgeoisie hollandaise, ils trouveront toujours, aussi bien que sous une monarchie quelconque, la gloire et la fortune, avec l'indépendance et la dignité. »

« Je n'ai parlé que des arts du dessin, dit M. Viardot, quelques lignes plus bas, mais tous les autres arts de la même famille, l'architecture, la gravure et jusqu'à la photographie, me fourniraient aussi des preuves que ce qu'on nomme les encouragements de l'autorité sont aussi impuissants à faire naître ou à faire progresser un art, qu'à empêcher sa ruine quand l'heure fatale a sonné. Veut-on faire la même expérience dans l'histoire de la musique? J'y consens. L'on y trouvera les mêmes enseignements et les mêmes démonstrations que dans l'histoire des arts du dessin. » Nous ne reproduirons pas ici les idées superficielles que M. Viardot a émises sur l'histoire de la musique, qu'il connaît peu, et dont il a puisé les éléments dans les travaux de M. Fétis. Nous tenons seulement à relever l'erreur qui lui est échappée dans une note qui se trouve au bas de la page 94 de sa brochure. « Il ne faudrait pas conclure qu'il y avait en Italie un art de la musique antérieur à Palestrina, de cette circonstance que des tableaux plus anciens, tels que la *Sainte Cécile* de Raphaël ou les *Concerts d'Anges*, de Fra Angelico, offrent les images d'assez nombreux instruments de musique. On trouve aussi, de nos jours, beaucoup d'instruments divers parmi les nations d'Orient, chez les Arabes, les Persans, les Indous, les Chinois. En peut-on conclure que ces peuples possèdent une musique parvenue à l'état d'art véritable? Assurément non. » M. Viardot se trompe en affirmant que Palestrina est le premier grand musicien qui ait fait de l'art. La langue dont s'est servi ce beau génie était déjà formée lorsqu'il apparut au milieu du xvie siècle. Palestrina avait été précédé par des hommes considérables, comme Josquin Després, par exemple, qui sont à l'histoire de la musique ce que les Cimabue et les Giotto sont à l'histoire de la peinture. D'ailleurs, il ne faut pas oublier les Grecs, qui ont poussé très-loin les formes du rhythme et qui ont produit de magnifiques effets d'ensemble. On peut dire, sans exagération, que la musique est contemporaine de la parole, et que son progrès consiste à s'être détachée, peu à peu, de cet ensemble complexe qu'on appelle la poésie lyrique.

Ce que je trouve parfaitement juste, ce sont les réflexions qu'inspire à M. Viardot le nombre toujours croissant d'artistes et de producteurs vulgaires, qui accablent l'attention publique. « Que voyons-nous aujourd'hui? dit-il, une foule de productions moyennes, dignes d'intérêt, dignes d'éloges; point d'œuvres fortes dignes d'admiration. Beaucoup de talent, peu de génie, beaucoup de succès. On dirait que le domaine de l'intelligence est comme le territoire d'une province, où la propriété s'amoindrit en raison directe de ce qu'elle se divise..... Devant ce double mal, la diminution de l'art et l'augmentation du nombre des artistes, se pose cette double question : Faut-il encourager les artistes ?... Oui, ceux que la nature a faits... ceux qui montrent un instinct heureux. A ceux-là il faut tendre la main, les secourir, les traiter comme des athlètes des grands jeux. » Pour empêcher ce débordement d'ouvriers médiocres et affamés, que faut-il faire ? « Vous avez des écoles gratuites pour la lecture, l'écriture et le calcul ; ayez aussi des écoles gratuites pour le dessin linéaire, des conservatoires de musique... mais n'essayez pas d'y faire éclore des hommes supérieurs. Les poëtes, les savants, les compositeurs et les artistes de génie se forment tout seuls. Ouvrez de loin en loin des expositions, fondez des musées, c'est bien ; mettez au concours les ouvrages publics; mais ne faites aucune commande et *attendez que l'œuvre soit éclose pour récompenser l'auteur*. Quand l'artiste s'est révélé, quand son œuvre est faite, soyez généreux alors..... imitez les Grecs ; comme eux, ne faites rien avant, faites beaucoup après ; comme eux, n'encouragez pas, récompensez. »

A ce discours, que j'ai un peu arrangé, il y aurait plusieurs réponses à faire. D'abord les Français ne sont pas des Grecs ; une grande nation du xixe siècle a des mœurs, des besoins et des lois qui n'ont aucun rapport avec la constitution des petites républiques aristocratiques de l'antiquité, ni avec les villes libres ou princières de l'Italie du moyen âge et de la Renaissance. Il y a des races et des époques privilégiées qui accomplissent des œuvres uniques qui restent l'étonnement du monde. En Grèce, les arts ont été protégés par l'instinct de la nation, par la religion et la politique; à Rome, c'est encore la religion, les grands citoyens, les vainqueurs de l'Asie, et puis les empereurs, qui élèvent ces monuments gigantesques dont on admire encore les débris. Dans les sociétés modernes, les arts doivent leur renaissance et leur développement à l'Église d'abord, aux papes, aux ordres religieux, aux princes, aux villes puissantes et libres et aux rois. En France surtout, les rois qui ont fait la nation ont presque tout créé. M. Viardot veut bien reconnaître « que François Ier, *quoique roi*, fut un véritable ami des arts, qu'il rapporta ou fit venir d'Italie des tableaux et des statues, et qu'en appelant en France les Léonard de Vinci, les Andrea del Sarto, les Benvenuto Cellini, les Rosso, les Primatice..... il donna une forte impulsion à l'école nationale qu'avaient commencée déjà les *ymagiers*, et que c'est de cette école, *agrandie par le souffle du grand art italien* (j'ajoute cette phrase, qui n'est pas dans le texte de l'auteur que je cite), que sont sortis Jean Cousin, Martin Freminet, Germain Pilon, Jean Goujon et Léonard Limousin. « Je conviens encore, continue M. Viardot, que son fils Henri II, mari d'une Médicis, mit un goût délicat à continuer cette œuvre, bientôt interrompue par les guerres de religion. Il serait absurde de prétendre que si un particulier comme Mécène peut exercer une heureuse influence sur la culture des arts, un roi, possesseur de la puissance et de la richesse publiques, ne pourra pas l'exercer aussi. » Mais cela va sans dire, et aux noms de François Ier, Henri II, M. Viardot aurait pu ajouter ceux de saint Louis, de Charles V, de Louis XII, Louis XIII, Louis XIV, et presque tous les rois de France, comme ayant été des protecteurs plus ou moins éclairés des lettres et des arts. Qui ne sait que c'est à Louis XIV qu'on doit la création du drame lyrique en France, et qu'il a protégé Lulli comme il a su honorer le génie de Molière.

On ne sait, et on ne saura jamais peut-être d'une manière définitive, ni *comment viennent les roses*, ni quelles sont les causes véritables qui font prospérer les arts et susciter ces grandes époques de fécondité et de beaux génies qui étonnent le monde. Les religions, les gouvernements, les mœurs, l'état de la civilisation d'un peuple, sont des forces différentes qui toutes concourent à produire ces phénomènes historiques qu'on appelle les *âges d'or*. Un homme seul, quelque puissant qu'il soit, n'y peut pas tout, mais il peut beaucoup. Si Périclès, Auguste, les Médicis, François Ier, Louis XIV, Élisabeth, Pierre le Grand n'ont pas été la cause unique du mouvement et de l'œuvre qui s'est accomplie sous leur règne, ils ont su donner une impulsion féconde aux éléments de vie qu'ils avaient sous la main. Veut-on un exemple frappant de l'influence que peut avoir un homme de bonne volonté sur le développement des arts, dans un petit pays pauvre et attristé? Qu'on aille à Munich et l'on verra une ville du nord sise sous un ciel nébuleux, transformée en un musée, par la volonté, la persévérance et le goût de ce bon roi Louis de Bavière, qui n'est pourtant pas un Louis XIV! Serons-nous traités de courtisan, si nous faisons remarquer, comme le veut la justice, que Paris a été renouvelé de fond en comble depuis dix ans, et que cette ville de cloaques et de vieux pignons est devenue une cité élégante, spacieuse, aérée, ornée de jardins et parfumée de fleurs, digne enfin d'être la capitale de la civilisation! Et n'est-ce pas une volonté toute-puissante qui a accompli, en si peu de temps, de si grands et de si heureux changements? Si l'art qu'on a employé à édifier ces grandes voies qui traversent Paris dans tous les sens, si les monuments, les maisons qu'on a bâtis, si le nouveau Louvre surtout manquent évidemment de grandeur et de beauté, ce n'est pas la faute, je crois, de ceux qui ordonnent et qui payent des travaux aussi considérables. Les gouvernements et les sociétés ne peuvent se donner des génies qui n'existent pas; ils peuvent et ils doivent choisir les talents éprouvés et récompenser l'ouvrier d'une œuvre accomplie. Sur ce point, je suis de l'avis de M. Viardot. Je me résume.

Les arts sont un luxe de la vie et un produit de la civilisation. Tous les arts ont leur source dans la nature humaine, et aucun n'est le fruit de la fantaisie individuelle. Un peuple, à la rigueur, pourrait se passer de peintres, de musiciens, de sculpteurs, de poëtes, mais non de laboureurs, de forgerons, de maçons, et des autres états manuels inventés pour satisfaire aux premiers besoins impérieux de l'existance. Aussitôt qu'un métier se perfectionne, et que, par des procédés plus habiles, on ajoute à l'objet de l'industrie quelque chose de plus à ce qui est absolument nécessaire à la satisfaction brute du besoin, l'art entre dans l'industrie, et il y a de l'art dans tout ce que l'homme fait et produit. Cet élément, qui entre fatalement dans tout ce que l'homme fait de ses mains ou de son esprit, c'est le sentiment du beau, le désir du mieux, qui est inextinguible et qui forme le trait indélébile du genre humain. J'oserais presque dire que l'art, dans sa grande acception, est l'expression suprême de la civilisation ; car la conscience elle-même s'épure, devient plus difficile, plus scrupuleuse, et le *juste* ne la contente pas. Ainsi l'homme, un et divers, aspire par le cœur à la grandeur morale ; par la raison et la science, à comprendre les lois de la nature ; et par l'art proprement dit, il cherche à exprimer ce qu'il sent, ce qu'il voit, ce qu'il désire, en donnant à l'objet et au sentiment qui le préoccupent une forme durable qui le fixe à jamais dans la mémoire de ses semblables. C'est ce mélange d'amour, de vérité et d'idées qui constitue notre nature, qui a fait dire à Platon cette belle parole : *Le beau est la splendeur du vrai.* Telle est la mission de l'art : exprimer, rendre le vrai sous une forme qui plaise, qui séduise, qui charme et qui inspire à l'homme l'ambition de s'élever par l'âme et le goût, jusqu'à cet idéal de la beauté, qui est la face extérieure de la vérité éternelle. C'est par ce côté que les arts touchent à la religion et qu'ils remplissent une partie de sa mission. Ainsi donc il faut protéger les arts, puisque aucun gouvernement monarchique ou république, aucune société, qu'elle soit aristocratique ou démocratique, ne peuvent se passer de leur concours; mais il faut les protéger par des institutions qui facilitent l'éclosion des talents, par des récompenses bien ménagées, par des honneurs d'autant plus précieux et plus efficaces, qu'on ne les accordera qu'à un petit nombre d'élus. La misère et la honte de notre temps, c'est le nombre considérable d'ouvriers vulgaires qui encombrent toutes les voies, ce sont ces troupeaux de mauvais peintres, de mauvais musiciens, de plats écrivains et de prétendus artistes qui assaillent le gouvernement de leurs clameurs affamées, et qui fatiguent et épuisent sa munificence. Point de pitié pour ces honteuses misères, repoussez bien loin de vous ces fausses vocations, qu'ils vivent comme ils peuvent ces barbouilleurs de tons, de couleurs et de mauvaises paroles; mais honorez le talent précoce, secourez les nobles efforts qui échappent à l'attention du public, excitez par vos bienfaits la veine de l'enfant bien doué, encouragez le génie, et ne laissez pas mourir un Mozart dans la plus profonde misère et jeter ses cendres divines dans la fosse commune! Soyez un gouvernement enfin et non pas un bureau de charité, et dites aux artistes de votre temps ces belles paroles qu'on prête à Périclès :

« O vous qui attendez que j'entreprenne de grands travaux, préparez-vous avec ardeur, et n'ayez pas une confiance inactive. Les guerres semées par les guerres touchent à leur fin; puissent les dieux nous envoyer une paix qui sera plus glorieuse pour notre patrie que les victoires ensanglantées! Ceux d'entre vous qui seront jugés capables de bâtir, de sculpter ou de peindre des œuvres dignes d'admiration, auront une vie assurée et même des gains considérables. Mais ceux dont la main est peu expérimentée et à qui Minerve n'a point souri, en vérité *ils feraient mieux aujourd'hui de cultiver la terre ou de s'établir fabricants de poteries dans la cérémanie.* Jamais ils n'auront part aux travaux; jamais, par Jupiter, je ne leur livrerai, pour qu'ils les gâtent, les marbres du Pantélique et les matières précieuses que je fais venir de tous les pays pour orner la ville; non, quand même ils me seraient proches par le sang, quand le grand prêtre de Neptune les protégerait, quand Aspasie, suppliante, tendrait vers moi ses beaux bras. Un général ne place point aux postes périlleux un soldat lâche et débile.

« Je serais non moins blâmable si je confiais les richesses et la renommée de notre patrie à des artistes sans habileté. Les Lacédémoniens précipitent dans un gouffre les enfants difformes, afin de ne point nourrir des citoyens inutiles. Ainsi *je veux ôter l'espérance aux sculpteurs et aux peintres qui n'ont pas le sens de ce qui est beau;* car si l'Etat les employait, ils n'apporteraient que du dommage. Il n'est pas juste que l'intérêt d'un seul soit préféré à la gloire de tous. Que diraient les Athéniens aux autres Grecs qui viendront bientôt contempler leur ville, lorsqu'elle sera parée de mille chefs-d'œuvre; s'il fallait leur montrer en même temps des taches honteuses et des édifices qu'il vaudrait mieux n'avoir point achevés? Efforcez-vous donc de ne produire que des œuvres nobles, irréprochables, et d'une beauté qui ne sache point vieillir [1]. »

---

1. *Discours inédit de Périclès,* cité par M. Beulé.

FIN.

TABLE DES MATIÈRES.

I.—THÉATRE DE L'OPÉRA.................... 1
    La Reine de Saba, grand opéra en quatre actes, paroles de MM. Michel Carré et Jules Barbier, musique de M. Charles Gounod.

II.—THÉATRE DE L'OPÉRA-COMIQUE............. 18
    Reprise de Giralda, opéra d'Adolphe Adam. — Première représentation de Lalla-Roukh, opéra en deux actes, de M. Félicien David. — Reprise de Rose et Colas, de Monsigny; — de la Servante maîtresse, de Pergolèse; — de Zémire et Azor, de Grétry; — de la Dame Blanche, de Boïeldieu. — Débuts de mademoiselle Cico, de madame Galli-Marié, de M. Léon Achard.

III.—THÉATRE ITALIEN.......................... 52
    M. Bruni, ténor. — Mesdames Vidal et Cantoni. — Rentrée de M. Gardoni. — M. Mario. — Rentrée de madame Frezzolini. — Il Furioso nell' isola di San Domingo, opéra de Donizetti. — Reprise de Cosi fan tutte, opéra en trois actes, de Mozart. — M. Bartolini, baryton. — Débuts de mademoiselle Adelina Patti. — M. Tamberlick et madame Charton-Demeur.

IV.—THÉATRE LYRIQUE......................... 79
    La Tête enchantée, opéra-comique en un acte. — Reprise de Joseph, de Méhul. — La Chatte merveilleuse, opéra-féerique en trois actes, paroles de MM. Dumanoir et Dennery, musique de M. Albert Grisar. — La

TABLE DES MATIÈRES.

Fille d'Égypte, opéra en deux actes, paroles de M. Jules Barbier, musique de M. Jules Beer. — *L'Oncle Traub*, opéra-comique en un acte. — *La Fleur du val Suzon*, opéra en un acte. — *Le Roi de Cocagne*, opéra-comique en deux actes, paroles de M. Desforges, musique de mademoiselle Pauline Thys. — Inauguration de la nouvelle salle de la place du Châtelet.

V.—LES CONCERTS 91

La société des Concerts. — *Les concerts populaires de musique classique*, dirigés par M. Pasdeloup.—Sociétés de quatuors de MM Alard et Franchomme ; — de MM. Maurin et Chevillard : — de MM. Armingaud et Léon Jacquard. — Madame Schumann. — M. Auguste Dupont. — M. Alexandre Billet. — M. Saint-Saëns. — M. Sivori. — M. Thalberg.

VI.—LITTÉRATURE MUSICALE 113

Lettres de Mendelssohn. — *Fragments sur l'art et la philosophie*, de Alfred Tonnellé. — *Biographie universelle des musiciens*, deuxième édition, tome quatrième par M. Fétis. — *A travers chants*, par M. Berlioz.

VII —NÉCROLOGIE. — FAITS DIVERS 158

Halévy. — Lipinski. — Consul. — Proske. — Lenz. — Dancla. — Discours prononcé par M. le ministre d'État à la distribution des prix au Conservatoire.—Assemblée annuelle des artistes musiciens. — Fêtes musicales de Lille.—Festival de la ville de Cologne.—Concours des sociétés chorales à Bordeaux.—Festival de la ville de Bâle (Suisse).—Artistes musiciens qui ont été décorés.—Les divers emplacements du théâtre de l'Opéra.

VIII.—CONCLUSION 215

FIN DE LA TABLE DES MATIÈRES.

In-18 à 3 francs.

HETZEL, 18, RUE JACOB.

JEAN MACÉ.—Histoire d'une Bouchée de pain. 1 vol.—L'Arithmétique du Grand-Papa, 1 vol.—Contes du petit Chateau. 1 vol.
JULES VERNE.—Cinq semaines en ballon. 1 vol.
LUCIEN BIART.—La Terre chaude. 1 vol.
Mme MARIE PAPE-CARPENTIER.—Le Secret des Grains de Sable. 1 vol.
VICTOR BORIE.—Année rustique (1re et 2me année). 2 vol.
ESQUIROS.—L'Angleterre et la vie anglaise. 3 séries.—La Vie des animaux. 6 vol.
ECKERMANN et GŒTHE Entretiens, traduits par CHARLES. 1v.
A.A. ROLLAND.—Lettres inédites de la Princesse Palatine. 1v.
PAULIN PARIS.—Garin le Loherain. 1 vol.
LAURENT PICHAT.—Les Poètes de Combat. 1 vol.
ROZAN.—Petites Ignorances de la Conversation, 3e édit. 1 vol.
THIERS. Histoire de Law. 1 vol.
WILKIE COLLINS et FORGUES.—La Femme en blanc. 2 vol. Sans Nom. 2 vol.
FORGUES.—Une Parque et ma Vie de Garçon. 1 vol.—Elsie Venner et la Sorcière a l'ambre. 1 vol.—Gens de Bohême et Têtes fêlées. 1 vol.
NORTH PEAT.—Lady Isabel. 2 vol.
IMMERMANN et NEFFTZER.—La Blonde Lisbeth.
EMILIE CARLEN.—Un brillant Mariage.
CLAUDE VIGNON.—Victoire Normand. 1 vol—Jeanne de Mauguet. 1 vol.—Récits de la vie réelle. 1 vol.—Un Drame en province. 1 vol.
ERCKMANN-CHATRIAN—Contes de la montagne. 1 v.—Le Fou Yégof. 1 vol.—Maitre Daniel Rock. 1 vol.—Contes des bords du Rhin. 1 vol.—Le Joueur de Clarinette. 1 vol.
LOUIS ULBACH.—Monsieur et Madame Fernel.—Le Mari d'Antoinette. 1 vol.—Histoire d'une Mère. 1 vol.
PAUL DELTUF. Mademoiselle Fruchet. 1 vol.
RUFINI.—Découverte de Paris.
JULIETTE LAMBER.—Récits d'une Paysanne. 2me édition. 1 vol.
GEORGE SAND.—Les Beaux Messieurs de Bois-Doré. 2 vol. —Les Dames vertes. 1 vol.—Flavie. 1 vol.—Théatre 3 vol.
P.-J. STAHL.—Histoire d'un homme enrhumé. 1 vol.—Voyage d'un Étudiant. 1 vol.—Bonnes fortunes parisiennes. 1 vol.
TOURGUENEF.—Dimitri Roudine. 1 vol.
EUGENE MULLER.— Mme Claude. 1 vol. — Contes rustiques. 1 vol.—La Mionette. 1 vol.
HENRI RICHELOT.—Vie et Mémoires de Gœthe. 2 v. in-8°. 12 fr.
ACH. GOURNOT.—Essai sur la jeunesse contemporaine. 1 vol.
N. BERCHERE.—Le Desert de Suez. 1 vol.
A. LOMON.—Captivité de l'amiral Bonard. 1 vol.
ANONYME.—Mary Briant. 1 vol.
JEROME BUJEAUD.—Jacquet Jacques. 1 vol.
ANDRE LEFEVRE.—La Flute de Pan. 1 vol.
A. SAIGNIERES.—Histoires modernes.
A. BRÉHAT.—Les Chauffeurs indiens, 1 v.—Aventures d'un petit parisien. 1 v.—Les jeunes amours, 1 vol.—Hist. d'amour, 1 vol.

Scudo, P.
La Musique en l'année 1862, ou revue

www.ingramcontent.com/pod-product-compliance
Lightning Source LLC
Chambersburg PA
CBHW070642170426
43200CB00010B/2096